団子《だんご》・赤飯《せきはん》・長寿銭《ちょうじゅせん》／
あやかりの習俗

長寿

叢書｜いのちの民俗学 2

板橋春夫
Itabashi Haruo

社会評論社

Illustration by Kamezawa Yuya ©

長寿

団子《だんご》・赤飯《せきはん》・長寿銭《ちょうじゅせん》／あやかりの習俗

叢書・いのちの民俗学2

叢書・いのちの民俗学2 長寿●目次

第1部 いのちの実感

第1章 誕生と死の現在 自宅から離れる誕生と死 10

第2章 人生儀礼研究の現在 伝統と現代を語るために 35

第2部 いのちの民俗誌

いのちの民俗誌 誕生と死についての聞き書き 68

第1部
いのちの実感

第1章　誕生と死の現在
第2章　人生儀礼研究の現在

民俗学は、身近な生活文化の疑問を解く学問である。人々は普段の何気ない行為やしぐさが、実は大変深い意味があることを知ると一様に驚く。

本書の「誕生と死の現在」では、私が生まれ育った地域に伝承された誕生と死に関する伝承の数々を紹介し、その意義にも触れる。私自身が事例の一つとなっているのは愛嬌である。誕生と死にみる共通点は「病院」である。そして、誕生も死も「座」から「寝」へという象徴的な変化をみせており、詳細は第一部をご一読いただきたい。

人がこの世に生まれ、亡くなるまでには、さまざまな儀礼や習わしが行われるが、連綿と続けられた儀礼・習俗にはそれなりの意味があることに思い至らねばならない。どの学問でも同じであろうが、先輩がどのような成果を持ち、仲間がどのような研究を発表しているか、常に先行研究を踏まえ、関連する研究に目配りをしておくことは必須である。「研究動向」にはいつも敏感でなければならない。「人生儀礼研究の現在」は、民俗学界における人生儀礼研究の研究動向を把握し、関心のある分野についてさらに学びを深めるための文献案内の役目を果たす。

祇園祭りの稚子。昭和 33 年（1958）頃。
（群馬県みどり市大間々町）

誕生と死の現在

自宅から離れる誕生と死

問題の所在

人の誕生と死が見えなくなったと言われる。誕生と臨終の「場」が、病院などの医療施設に移り、人々の誕生と死における臨場感の喪失は著しい。現代は医療技術が飛躍的に発達し、遺伝子研究の成果は死生観にも影響を与え、脳死、尊厳死、安楽死など今日的問題が山積みである。このような状況下、私たち日本人は誕生と死をどのように考えてきたのか、伝統的な生命観をきちんと捉えておく必要があるだろう。そうすれば現在あるいは今後直面するさまざまな事態にしかるべき対処ができるはずである。

近年、立川昭二『生老病死』（一九九八年）を始め、単行本や雑誌の特集で生老病死《しょうろうびょうし》という言葉がよく使われるようになった。私がこの言葉を耳にしたのは古いことではない。一九九三年秋、小さな研究会で民俗学と教養をテーマにした報告の中で、若い世代は自宅出産を知らず、誕生儀礼も希薄になったことを話題にしたところ、出席の医師から「近年は生老病死すべてが家から離れてしまいましたね」とコメントをいただいた。そのとき初めて生老病死を耳にした。『日本国語大辞典』によると、生老病死は「仏語。人間として避けられない四つの苦しみ。生まれること、老いること、病気になること、死ぬことの総称。四苦。」と記されている〔小学館 一九八〇 一三四七〕。

本章では自宅から離れたといわれる生老病死のうち、誕生と死の民俗を取り上げる。具体的事例として、私自身が生まれ育った群馬県山田郡大間々《おおまま》町（現みどり市）における誕生と臨終の「場」の変化に注目し、その変化の要因を考察してみたい。日本人の生命観の一端を明らかにすることも目的の一つである。

1 自宅出産の時代と民俗

産婦が自宅で赤子《あかご》を出産していたころは、子どもたちが障子《しょうじ》の穴からのぞき込んでいたという話を聞いている。そして家族全員が見守る中、生まれてきた赤子の泣き声が家中に響き渡ったのである。生命誕生の臨場感はかなりあったと言える。それが戦後、病院で出産する時代となり、現在は病院などの施設内出産が九九％以上を占めている。誕生の場の変化は、医学の進歩と深い関連があり、病院出産によって出産時の危険が大幅に減少したことも事実である。一方で病院出産は、伝統的な出産技術・出産習俗を消滅あるいは変化させた。

ここでまず誕生の場がどのように変化したかを考察するにあたり、伝統的な誕生の場とそれに関わる民俗について見ておきたい。かつて出産の場が自宅であったのは、後に述べる地域を除くと全国各地に及ぶ。たとえば、大間々町塩原《しおばら》で明治末年から大正初年に生まれた女性から出産の話を聞くと、一様に昔はどの家でも姑や近所の器用な年輩の女性が赤子を取り上げてくれたと語る。このような免許を持たない人をトリアゲバアサン（取り上げ婆さん）と呼ぶ。このトリアゲバアサンが活躍したのは昭和十年代までであった。出産介助のお礼を現金でするということもなく無償のボランティアであった。一方、資格を有する産婆へは一応謝礼をするのが決まりであった。しかし、姑や近所の器用な無資格の人が介助する無償分娩《ぶんべん》の時代が続いたために、有資格の近代産婆が頼まれて出産に立ち会い、無事出産が済んでも謝礼金をもらえないことが少なかったようである。

近代産婆の荻原始子（大正四年生まれ）が、塩原に隣接する浅原《あさばら》で昭和十五年（一九四〇）に仕事を始めたころは、トリアゲバアサンの立ち会うお産がほとんどであった。そのために新生児の死亡も多く、迷信めいたこともいろいろ言われていたらしい。資格のある近代産婆が村に住んだので大変重宝《ちょうほう》がられ、畑道、山道が多い山間地域であったが、「雨、雪、霜柱とけの時など自転車が泥で動けなく泣きたい事が時々あったが、お産の連絡を受ければ一時も早くにと産婦の傍らにと雷雨の中でも雪の日も、寒暑に関係なく真夜中でも暗闇の中でも自転車で出かけ」て、多くの赤子を無事取り上げたという〔萩原　一九九五　一四〕。

初めての出産は実家でするのが習わしで、二人目からは婚家《こんけ》で産むという例が普通である。もしも実家に母親がいないなど、特殊な事情があれば初産《ういざん》であっても婚家で準備した。現在も県外に嫁いだ娘が初産のときは実家に戻り、実家に近い産科医院で出産する、いわゆる里帰《さとがえ》り出産が多いのは、かつて実家で産んだ名残りと考えられる。

古い時代の自宅出産は、納戸《なんど》あるいは奥の部屋で、いずれも畳を上げたり畳の上に布団を敷いて油紙《あぶらがみ》をその上に敷き、コタツやぐらや布団を丸めて寄りかかれるようにし、それにひざまずいて出産する座産《ざさん》であった。たとえば小平茂木《おだいらもてぎ》のAさん（明治三十三年生まれ）は、山で燃《も》し木《き》を背負って家に戻る途中で陣痛《じんつう》が起き、あわてて家に帰ったそうである。家に着くとすぐ姑に湯を用意してもらったが、湯が沸《わ》かないうちに納戸で赤子が産まれてしまったという。産むときの姿勢は「馬の荷鞍《にぐら》におっかぶさって産むと安産だ」と語るように座産である。小平折之内のSさん（大正七年生まれ）は、昭和二十五年（一九五〇）に六人目の子を産んだが、すべて座産であった。寝産《ねざん》はつかまるものが無いのでよくない。すわって産むほうが力がついて楽であったという。布団を四つ折りにし、それにこごんで産んだ。お産は女性の大役であるが、昔は小さく産んで大きく育てろと言ったものである。

塩原では、昭和九年に結婚し四人の子どもを産んだ女性は、昭和二十三年まですべて座産であった。同じ四人の子どもに恵まれた女性でも、昭和十八年と二十一年は座産であったが、昭和二十三年と二十九年は寝産であったという例もある。いくつかの事例を分析していくと、昭和二十年（一九四五）前後に第一子をもうけ、しかも最初から近代産婆を依頼した女性の場合はおおむね寝産が採用された。それに対し昭和十年代に出産した女性の多くは座産である。例外として塩沢のある家で、昭和十二年から二十五年までの間に七人の赤子を産んだ女性は寝産で、婚家の舅《しゅうと》と姑《しゅうとめ》が取り上げてくれたという。昭和十二年（一九三七）時点で寝産が採用されたことを地域の女性たちは例外と認識している。一般には有資格の産婆が関わるようになって仰向けに寝て産む方法が採用された。

高津戸《たかつど》では、昭和初期にトリアゲバアサンへ出産の介添《かいぞ》えを頼んだ妊婦が赤子を出産した。しかし警察が無免許の取り調べをしており、出産したところへ巡査が来て取り調べを始めたので、産婦はショックを受け寝込んで死亡するという事件が起こった。その事件をきっかけに高津戸では資格のある近代産婆を頼むことが多くなったという。高津戸の場合は、渡良瀬《わたらせ》川を境に高津戸橋を渡ればすぐに市街地へ出られるという地理的条件のよさも考慮に入れる必要があるが、妊産婦が亡くならなければトリアゲバアサンの介助による出産がしばらくは行われていたと思われる〔大間々町誌編さん室　一九九五　一一五〕。

このように出産方法の変化は、地域や家庭の事情によっても多少異なっているが、昭和二十年ころまでは座産が多く、それ以降は寝産になった。昭和二十年代以降は有資格の近代産婆が自宅に来て出産を介助してくれる寝産の方法であり、誕生の場がちょうど自宅から施設への移行期における出産であった。

ところで、自宅出産時代の妊婦にはさまざまな禁忌《きんき》事項が語り継がれてきた。高津戸では、妊娠中は重たい物を持ってはいけない、背伸びをしてはいけないなどの禁忌があり、妊婦が働けば働くほど良い子が生まれる。食事の禁忌としては、小平ではウサギの肉を食べるとウサギ児ができる。妊婦のご飯などの煮炊きは別火《べっか》であった。妊婦は葬式に出かけるものではない。どうしても葬式に出なければならないときは懐《ふところ》に鏡を入れた。土葬時代の葬式で穴掘りの順番を決めるときに、嫁をもらったばかりの家に対しては隣組の人が心配したものである。これは妊娠した女性に死の忌《い》みが付くのを避けるためである。当番に当たっていた場合は順番をずらしてもらうなど工夫をした。

火事も妊婦にはよくないとされた。火事を見ると「赤子に赤あざが付く」「あざっ児ができる」などと言われ、たとえ半鐘《はんしょう》が鳴っても火事の方角を見るものではないといった。また、妊婦は妊娠中と出産後の一定期間は神参《かみまい》りができない。赤子の宮《みや》参りが済むまでは神社の前を通れない、もちろん家の神棚《かみだな》にも近づかない。これらは出産が汚《けが》れたものであるという観念のもとに成立した慣行である。小平では、妊婦は箒《ほうき》をまたぐものではないといわれた。またぐとお産が重くなる。十二様《じゅうにさま》と箒神様《ほうきがみさま》が来ないうちはお産が始まらない。そのために普段から箒は大切にしなくてはいけない。箒は赤子が産まれるときに立てると楽に産まれる。便所はいつもきれいにしておくものであるという。

いままで事例として紹介してきたのは、自宅で出産する例であるが、西日本などでは集落内で共有する産小屋で出産する地域もあった。産小屋は産屋《うぶや》とも呼ばれ、たいてい村はずれに所在していた。共同の小屋として維持されていたので家族に気兼ねなく出産できたといわれる。また瀬戸内の島々にはヒマヤ、サンヤという風習があり、「暇屋」「秘魔小屋」などという字を宛てているが、大きな家の庭の片隅にある別小屋または集落で共同で所有する小屋であった。他家の離れを借りることもあった。この場合には出産後、新生児と若い母親が移り住み二一日間を過ごす。実母や姉妹が足繁《あししげ》く副食材料などを届け、水や薪《たきぎ》などの生活必需品も運ぶという状態であった〔吉村　一九九二　一五二〜一五五〕。

2　病院出産の時代

『母子保健の主なる統計』によれば、自宅出産は昭和二十五年（一九五〇）に九五・四％、昭和三十年（一九五五）は八二・四％であった。昭和三十五年（一九六〇）に自宅出産が四九・九％、病院などの施設内出産が五〇・一％になった（表参照）。この時期から「施設分娩時代」に入ったと言える。昭和四十年（一九六五）に八四％、昭和五十年（一九七五）には九八・八％が病院などの施設で出産するようになった〔厚生省監修　一九九七〕。一〇年間に、誕生の場が大きく変わってしまったのである。今日では九九・九％が施設内分娩である。

ここで身近な事例を取り上げる。私は大間々町三丁目で生まれた。当時、一般家庭では近代産婆を頼んで自宅で産むのが当たり前で、ご多分に漏れずわが家も自宅出産であった。近代産婆は当時大間々町で二代続く有名な羽鳥さんである。私は昭和二十九年二月に生まれたが、へその緒《お》が首に巻き付いて産まれてきたそうである。そこで急きょ近くで開業していた産科医に来てもらった。二年後の昭和三十一年に弟が生まれた。このときは予定日よりも早くできてしまい、近代産婆を迎えに行く間もなく産まれてしまった。当時は仰臥《ぎょうが》して産むやり方であった。母によれば、障子の桟《さん》が見えなくなってようやく赤子が生まれると教えられたが、陣痛があってすぐに

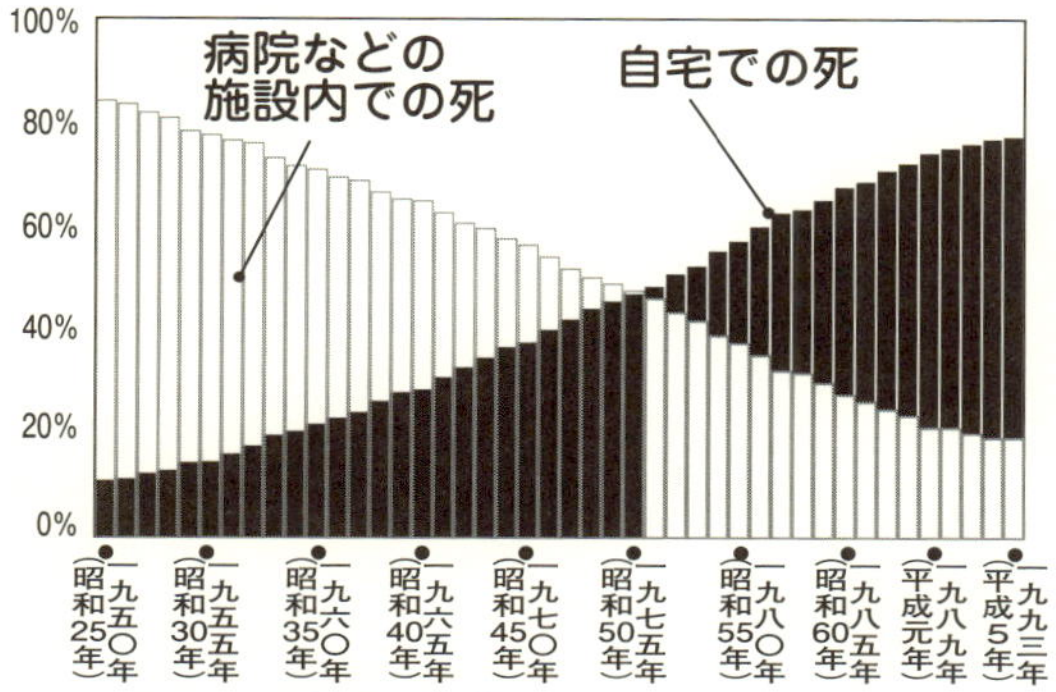

図　死に場所の変化
※池上良正「姨捨伝説と現代」1996 より作成

年号／西暦	出生総数	施設内	施設外
昭和25年 (1950)	2,337,507 100%	106,826 **4.6%**	2,230,681 **95.4%**
昭和30年 (1955)	1,730,692 100%	305,127 **17.6%**	1,425,565 **82.4%**
昭和35年 (1960)	1,606,041 100%	804,557 **50.1%**	801,484 **49.9%**
昭和40年 (1965)	1,823,697 100%	1,531,812 **84.0%**	291,885 **16.0%**
昭和45年 (1970)	1,934,239 100%	1,858,738 **96.1%**	75,501 **3.9%**
昭和50年 (1975)	1,901,440 100%	1,879,404 **98.8%**	22,036 **1.2%**
昭和55年 (1980)	1,576,889 100%	1,569,643 **99.5%**	7,246 **0.5%**
昭和60年 (1985)	1,431,577 100%	1,428,305 **99.8%**	3,272 **0.2%**
平成2年 (1990)	1,221,585 100%	1,220,138 **99.9%**	1,447 **0.1%**
平成6年 (1994)	1,238,328 100%	1,236,726 **99.9%**	1,602 **0.1%**

表　出生の場所、出生数（単位：人）
※『母子保健の主なる統計』より作成

産んでしまったので、その諺《ことわざ》はあてはまらなかったと話していた。

昭和三十五年ころを境に、誕生の場は急激な変化を見るが、それは数字の上から明らかである。大間々町の事例もその傾向にあり、都市部と比べれば幾分ゆっくりとしているが全国的規模の変化の一こまである。当時全国各地の近代産婆たちは、その劇的な変化を一様に感じ取っていた。たとえば次に紹介する事例がそれを明らかにしている。

【事例1】　福島県田村郡滝根《たきね》町（現　田村市滝根町）

滝根町での産婆さんはおおむね、昭和一〇年ころからで、町内の産婆さんを見てみると菅谷《すがや》地区では郡司リョウさん、神俣では中島トヨさん、西山カメヨさん、神俣清さんが相次いで開業した。（中略）昭和四〇年代になると小野地方総合病院をはじめ医院が開設されるようになると少なくなり、西山カメヨさんも昭和四五年ごろからやめてしまっている。現在のように誰もが病院で出産するようになったのは、昭和四〇年代後半ぐらいからであり、町内の産婆さんもそのころから仕事をしなくなっていった〔滝根町史編さん委員会　一九八八　五三七〜五三八〕。

【事例2】　群馬県山田郡大間々町（現　みどり市大間々町）

昭和四十年八月より大間々町母子健康センターが設立され、不衛生上、産婦安静休養、保健上、自宅分娩をなくすため施設分娩をする事になった。嘱託医師二名にて分娩予定日二週間前の異常なしの妊産婦のみの証明ある者だけの入所分娩の許可が必要、当時町内の五人の助産婦が交代に介護に従事する、群馬県内に十九ヶ所設立されていた、時代が変りこの頃より入院分娩が多くなり妊産婦新生児死亡が少くなってきた〔荻原　一九九五　三〇〕。

【事例3】　東京都足立区

アパート、都営住宅が増えると共に、核家族の時代がやってきました。親は一緒に住まなくなったし、近所とのつき合いもなくなりました。当然自宅でのお産は少なくなりました。(中略)かつては異常分娩だけをとり扱っていた病院も、設備を近代化し、進んで正常分娩、ふつうのお産を扱うようになってきました。終戦直後までは、日本のお産の九八パーセントが、産婆の介助による自宅分娩だったとされています。これが昭和三十年代にはいってから急速な社会条件の変化によって、病院でのお産が増えはじめ、三十五年にはついに、五十パーセント近くを施設分娩が占めることになりました。自宅分娩を基本とした、日本の助産婦の全盛時代はついに終わったといえるでしょう〔永沢　一九九五　一七六～一七七〕。

【事例4】 石川県鳳至《ふげし》郡門前町（現 輪島市門前町）

昭和三〇年代半ば頃から、施設分娩が少しずつ増加する。昭和三五年（一九六〇）から昭和三九年（一九六四）の五年間について、出産場所が明記されている一九の出産のうち六は施設分娩であり、うち五は門前町ではなく、穴水町の病院で、医師の立ち合いのもとでの分娩である。家庭分娩一三については、分娩介助者は助産婦一二、医師一である。ところが、昭和四〇年代以降、家庭分娩はぴたりとなくなっている。（中略）門前町では昭和三九年（一九六四）に町立の母子健康センターが開設されたのである。そうして門前町の助産婦たちは、ほとんどがこの母子健康センターに勤務することになった〔西川 一九九七 二五一～二五二〕。

【事例5】 兵庫県尼崎市

昭和二十年代は月に何十件もお産があって忙しかったのに、昭和三十年の声を聞いた途端に、頼まれる件数が目減りしはじめた、とはさっき言いましたわな。そうですねん、病院で産むのがハイカラな流行になって、言ってみたらお客を病院にとられたわけ。忘れもしません、三十年の春先やったと思います。（中略）大勢の女が男の医者の前で股を広げるのを好むようになるとは思いもしませんでしたもんね〔井上 一九九六 一九二～一九三〕。

わずかな事例であるが、自宅と施設内が同比率を記録した昭和三十五年（一九六〇）が誕生における場の変化のエポックになっており、その変化の中で大きな役割を果たすのは、大間々町の荻原さんの手記（事例2）や石川県門前町（事例4）にみられる母子健康センターの設立とその活動である。また兵庫県の産婆が語るように（事例5）、男性医師の出現によって出産介助の仕事は女性だけに与えられた仕事という神話がきわめてもろいものであることが分かる。この背景に施設内分娩は近代医学による安全な出産という考え方がある。

各地の出産文化を研究した文化人類学の吉村典子は、昭和四十四年（一九六九）に初産を経験した。彼女が初産で産科医院を選択した理由が著書に載っている。当時のインテリ層の出産認識を知る興味深い文章なので少し長いが引用する。

その頃まだ私の周辺では、「母子センターで助産婦さんに産ませてもらった」とか「産婆さんとこ（助産院）で産んだ」という人が何人もいた。けれど私は「そんな所で産みたくない」と考えていた。「一生に何度もないような大切な時に、産婆さんなんかの、古くさい助産技術で産ませてもらったら、助かる命も助からへん。第一、難産にでもなったら、産婆さんじゃあどうしょうもないだろう」と考えていた。〝産婆さん〟という言葉を聞くだけで、黒いかばんに古くさい技術と、昔風の助産知識をつめこんでやってくる、腰の曲がった婆さんのような感じがして、そこにはみじんも近代医学のにおいなど感じられなかった。「とてもそんな人に私のお産をまかせられやしない」私は一人でそう決めていた〔吉村　一九八五　六〜七〕。

これによれば、お産のことをほとんど知らない妊婦が出産の場を選択する理由として、近代医学を修めた産科医と都会の病院、それに対して古くさい腰の曲がった近代産婆と設備のない助産院、という優劣が明らかな対立的構図が浮かび上がってくる。妊娠出産について正しい知識を持たないうちに、若い妊婦は最初から病院と医師のほうに魅力を感じてしまっている。その理由は必ずしも論理的ではなく感性の選択と言うべきものである。そして彼女は後に自分の選択に疑問を持ち、それを解決すべく各地の出産習俗を調査分析し、ついには出産文化の第一人者になった。

ここで問題にするのは、どのような科学的根拠、あるいは何を基準に妊婦の選択行動が働くかという点である。病院施設で出産しようとするのは、できるだけリスクを少なくしようとする心意が働くと考えられる。大きな総合病院であれば、もしものときの救急医療体制が整っているという安心感があると思われる。もう一つは戦後アメリカから入ってきた生活スタイルの模倣が考えられる。人工乳が母乳よりも良いという宣伝などは間違いであったが、若い妊婦はその流行に飛びついた。厚生省（当時）が始めた母子健康センター設置の影響が少なからずあるし、高度経済成長期は「消費は美徳」と宣伝し、古いものを排除するような風潮が濃厚であった。当時の妊婦たちは、近代医学に過剰な信頼をおいていたと言っても過言ではないだろう。

次に母子健康センターの設置についてみる。昭和三十五年に自宅と施設分娩の割合が半々になったものの、依然として農山村では自宅出産が多かったのである。ところが昭和三十九年にようやく郡部の施設内分娩が五〇%を超した。母子健康センターは当初の目標であった一〇〇〇か所設置には遠く及ばなかったが、昭和四十五年までに全国五八五か所に母子健康センターが設置された。このセンターの出現によって自宅で産むのが時代遅れであるという見方を多くの女性が持つようになったことは事実である。それはある意味では厚生省の目論見の通りになったとも言えよう。

また、昭和二十二年（一九四七）には法改正で、産婆の名称が助産婦に変わる。名称の近代化と期を同じくして第一次ベビーブームが始まる。このころを境に近代産婆は仕事が忙しくなっていくが、途中から産科医が参入してくることにより仕事は急激に減少していくのである。事例の中で近代産婆たちが語る言葉がそれらを裏付けている。

3 在宅死から病院死へ

日本人の「死に場所」の変化は、戦後間もない昭和二十二年（一九四七）の統計によると九〇・八%が在宅死であり、病院死は九・二%と一割にも満たなかった。そしてちょうど三十年後の昭和五十二年（一九七七）に病院死が五〇・六%になり、在宅死を上回った。病院死の割合は年々高くなり、平成九年（一九九七）には病院死が七九・一%に達している。その原因はいくつも考えられるが、もっとも大きな点は医学の進歩があげられよう。病院数の増加もそれに関連している。

近年の死をめぐる状況は、情緒的な死から科学的な死へという変化が見られる。死の持つ情緒的な側面がきわめて希薄になってしまった。昔は家族と亡くなっていく人が悲しみを共有するという情緒があった。現在では、人々が現実に人の死を体験することが極端に少なくなっている。柏木哲夫が大学生を対象に調査したところ、肉親の臨終を実際に体験したことのある者は一人もいなかったという。これは死に場所が病院であることによることが多い。テレビゲームを始めテレビの中での死が普通になり、劇画やマンガでは死んだ者は生き返るのが普通であるから無意識のうちに死者はよみがえると思う人がいるのが実状である。まさに現実の死から劇化された死へ変化している〔柏木　一九九七　一三〕。

さて、少し身近なところから病院死の問題を考えてみたい。平成九年、私の父が入院していた桐生《きりゅう》市の病院で息を引き取ったとき、若い看護婦が死体をきれいに拭くなどの処置をするので家族はしばらく病室から出てくださいと言われた。昭和四十七年に祖母を伊勢崎市の病院で看取った妻は、親族立ち会いのもとで年輩の看護婦が身体を拭いたのを記憶していた。それで親族が立ち会わなくてよいのかなと思ったそうである。

昭和五十三年に祖母が大間々町の自宅で死んだとき、湯灌《ゆかん》に立ち会ったのは身内の者で、腰から下は女性、腰から上のほうは男性がていねいに拭いた。祖母は老衰で亡くなったが、もしものことがあるといけないので鼻の穴に脱脂綿を詰めた。脳溢血《のういっけつ》などで亡くなったときは鼻などに必ず詰め物をする。私の親戚で年輩のある女性は、今でも死に顔を見ないことにしている。彼女はかつて脳溢血で死んだおばあさんの顔を最後に見ておきなさいと言われてのぞいたところ、顔が鼻血だらけで、思わず目をそむけるほどのものすごい形相《ぎょうそう》であった。それ以来決して死に顔を見ないようにしているという。また、私の叔母の夫は癌《がん》で亡くなったが、身内の者が病室で看護婦と一緒にていねいに身体を拭いた。これは埼玉県上尾《あげお》市の病院の例で、看護婦が三本の口紅の中からどれを選びますかと聞いた。適当な色を選んで死に化粧をしてくれたが、男性に口紅を塗ることに私の母はいくぶん違和感を覚えたという。

このように私自身の乏しい経験であるが、病院で亡くなったときの処置方法は病院によって異なるのか、時間差がそのようにさせているのか、あるいは死因によっても異なるのか不明である。医師の診断を経て看護師に死者の身体を拭いてもらうことが普通になってしまってからは、自宅に戻ってからの改まった湯灌は必要でなくなった。その結果、よほどの場合でない限り死者の裸体を見ることはないし、死者の身体に触れることもほとんどなくなってしまった。

湯灌の意義がどのようなものであったかは別に論じられるべきであるが、ここでは湯灌の実務を家族が行うことがきわめて希薄になっている事実を認識しておく必要がある。湯灌の技術あるいは作法が早晩忘却《そうばんぼうきゃく》の彼方となってしまうことは間違いないであろう。もちろん湯灌の技術は、看護師あるいは葬儀社の担当者に伝承される。死に場所が病院に移ることで各地に伝承されていた湯灌の作法が画一的になってしまうであろう。もちろんその影響がどの程度であるか一概に論じられないが、少なくとも古老の知恵は必要なくなってしまう。湯灌の作法に関わる禁忌、たとえば逆さ水《さかさみず》、あるいは男性は上半身、女性は下半身を拭くなどの伝承は残らないであろう。当然のことながら、なぜ湯灌をするのかという民俗的知識も伝承されなくなり消滅する可能性が高い。これをどのように考えるべきか。死者が息を引き取ってから次第に冷たくなり、死後硬直する実感をどのように把握できるのか。

病院死の現実は、人々にとって死の実感が希薄になってしまったと言えるであろう。これでは子どもたちがテレビドラマで死んだはずの人が同じ時間帯の違う番組に出ているのを観て育つのと何ら変わりない。死のリアリティーは無くなってしまうし、死の尊厳も失われてしまうのではないだろうか。湯灌の意義をもう一度再認識してみる必要がある。死んだ人に触れるのを気味が悪い、あるいは不潔と思う人が多くなっているが、それは死を身近に感じなくなったためであろう。

4 死者儀礼にみる死者の扱い

ここで死者の扱いの観点から大間々町塩原・塩沢における伝統的な死者儀礼を概観しておきたい。人が死ぬことを「旅に行った」「モグラ掘りに行った」「まんじゅうになった」などと比喩《ひゆ》的に表現していた。これは意識して死という言葉を使わないようにしたためであろう。かつては死に関する話を忌《い》み嫌い、死を話題にすると「縁起でもない」とたしなめられた。現在は、テレビドラマの中で死は日常茶飯事になっており、それほど違和感がないようである。しかしテレビ普及以前は死を忌む傾向が強かったことは確かである。

人が亡くなると、まず隣組の班長に知らせる。班長は隣組の各戸に触れ歩き、葬式の準備に入るが、隣組は一軒から二人がオテツダイ（お手伝い）に出るのがしきたりであった。葬式の日取り連絡係であるツゲ（告げ）も隣組が受け持つ。昭和五十年（一九七五）以降は電話で済ませているが、昔は二人で親戚宅へ行き「何月何日に亡くなりました。何日何時、出棺になります。」と告げてまわった。喪主はツゲに連絡してほしい家を教え、買い物もおおむね一任する。男性は死者が出ると喪家《もけ》の神棚に笹を引いた。神棚を死のケガレからよけてやるためであると説明している。男性は買い物、ツゲ、お飾り作りが主な仕事で、女性は枕団子《まくらだんご》・枕飯《まくらめし》を作るなど、お勝手仕事がある。枕飯は玄米に水を入れ、研《と》がずにそのまま炊くのが作法であった。死者が生前愛用していたご飯茶碗に山盛りに盛りつけ、箸を垂直に立てる。水飲み団子（ちょこ団子ともいう）を三組作り、墓地に持っていく。枕団子と水飲み団子を作った後、米俵のサンダワラ（桟俵）に灰とご飯杓子《しゃくし》を載せ、女性二人で後ろを振り向かずに置いてくるものであった。三本辻に置くのは通行人に供養してもらうためである。

一方、近親者が集まり納戸《なんど》で湯灌をする。湯灌の湯は逆さ水といって、水の中に沸かしたお湯を入れてうめる方法である。これは日常と異なる作法である。湯灌の支度は、男性はふんどしで腰に荒縄を左結びに縛り、女性は襦袢《じゅばん》に腰巻き姿で、やはり腰に縄を巻いた。まず死者の身体を酒で清め、頭から順に拭いてくるが、上半身は男性、下半身は女性と決まっていた。湯灌をする人が見えなくなるほど線香を焚き、口には酒を含み吹きながらサラシで拭いた。座棺《ざかん》のころには、うまく納まるようにあぐらをかかせて手を合わせた。湯灌に立ち会った人は風呂に入って身体を清めた。死者の身体をていねいに拭きながら、なぜ口に含んだ酒を吐き出すのか。現代人の感覚ではこの行為が不潔に映るであろう。酒の持つ呪力あるいは酒の持つ効果を信じていないと直視できない行為である。

死者に着せるサラシのカタビラ（帷子）は、隣組の女性たちが結び目を作らずに縫《ぬ》い上げた。帷子は左前に着せ、足袋《たび》は左右を取り替える。葬式は何でも反対にするのが作法である。帷子を着せ終わると親族が死者を納戸に寝かせ北枕《きたまくら》とする。枕元には水・線香・水飲み団子・枕飯を載せた膳《ぜん》を置いた。白い布を顔にかけて胸元に刃物を置くのは魔物除けとされる。亡くなった晩は近い親戚が集まって通夜《つや》をする。線香をあげ故人の話などをして寝ずに一晩を過ごすのである。

穴掘り役はトコバン（床番）という。床掘り帳があり順番に務めるようになっていた。床番は四人で務めるが、家族に妊娠中の女性がいたり、赤子が生まれたばかりであると取り替えてやるのが一般的である。床番は喪主から草鞋《わらじ》一足とお礼金をもらった。昔は土葬であったので掘るのに半日かかる墓地もあり大変な仕事で、酒を飲みながら掘った。家族は弔問《ちょうもん》客に応対して死者と生前親しかった人には顔を見てもらう。死者の顔を見る機会は、このときと埋葬する最後の別れのときだけとなる。畳の部屋で死者が寝ているのは重々しく、悲しさを誘うものである。猫を飼っている家では、猫を死者の近くに来させないように注意した。猫が死者をまたぐと悪いことが起こると伝えているからである。

ところで、座棺のときは改まった最後の別れはなかったのではないか。棺《ひつぎ》に入れる直前が最後の別れであったと考えられる。座棺の場合は、棺中に入れてしまうと上からのぞき見る状態になってしまい、きちんと顔を見ることはできない。つまり寝棺《ねかん》の小窓から死者の顔を見て最後の別れとする行為は、寝棺になってからの新しい演出の一つと考えられる。念仏の最後に団子と紙位牌を配る。この団子は念仏団子といい、二つずつもらうので家に持ち帰り焼いて食べる。紙位牌は、ヒトナノカまで台所に貼って、水とお茶を供《そな》えた。そして七日経ってから仏壇の中に入れる。亡くなった後は位牌がその人の代わりのように扱われる。

5 現代社会の死をめぐる問題点

急速な都市化と核家族化の進行によって旧来の葬送習俗も大きな転機を迎えた。社葬、生前葬、自然葬など現代のバラエティーあふれる葬送の方法は、現代社会の多様性をそのまま象徴している。昔はヤクザな生活をしていると自宅の畳の上で死ねないといわれたが、現代は自宅で死を迎えるのはきわめて少数派になりつつある。戦後間もなくのころは、自宅で亡くなる人は九〇%を超えていた。それが年々病院で死亡する事例が増え、病院死は死亡全体の八〇%を超える。

自宅の畳の上で枯れ木が倒れるように息を引き取る大往生《だいおうじょう》は、きわめて稀《まれ》になってしまった。ひと昔前の新聞の「お悔やみ欄」をみると、ほとんどの人が「病気のため病院で死去」、あるいは具体的に「肺炎のため病院で死去」などと書かれていた。いずれも病院死が圧倒的に多く、「老衰」の文字は滅多に見られない。現代社会における死のキーワードは「病院」であると言えよう。しかも山崎章郎『病院で死ぬということ』という著書がベストセラーになり、多くの人に読まれているほどである。病院では、近年まで臨終を迎える本人には死期が隠される場合が多く、そのために本人が残る者に別れの言葉や遺言《ゆいごん》を伝える機会を逸してしまうことがあった。また延命治療によって人間らしく死ねないなど、病院死にはいくつも問題がある。

現代の葬式においては葬儀社の活躍が著しい。葬式の空間を考えても、昔と現代では住宅事情が大きく異なっている。住宅そのものは決して狭くなったわけではないが、部屋を一つずつ独立した構造にした個別化・独立化が進んでおり、自宅で葬式を行う空間を確保することが難しい。さらに車社会にあって、庭も狭く自宅近くに来客者の駐車スペースが十分とれないという問題もある。そのために斎場で葬式を執り行う例が多くなっているのであろう。

また、社会構造そのものも大きく変貌し、生老病死はその影響を大きく蒙《こうむ》っている。現代は相互扶助システムの変質が著しい時代で、葬式も初めから終わりまで地域社会で担うのではなく、ある部分は金銭で処理している。かつて葬送儀礼は変わりにくいものと考えられていたが、意外にも大きな変化の兆しが社会の変化とパラレルな形で進行している。近年の傾向として死の隠蔽《いんぺい》が特に進んでいることが指摘できる。忌みの期間の短さとケガレ観の変化も特色の一つであろう。今後は忌みの期間が短くなり、それぞれの忌み明けごとに行われる葬送儀礼は次第に簡略化されることが予想される。

病院死が増加したのは、入院して治療を受けている最中に亡くなり病院死が多くなるということになる。問題は、なぜ病院で死ぬのかということである。たとえば与論《よろん》島では、島民にとって病院や介護施設は最後の死に場所と位置づけられていない。鹿児島や沖縄本島の病院に入院していても死が近づいたときは自宅に帰してもらうことが多く、昭和六十年（一九八五）の在宅死は七四・二％であった〔近藤　一九九一　二一八～二二八〕。

隣の韓国では、在宅死が一九九三年に七一・〇％で、八五年の八三・〇％に比べれば減ってはいるが、日本と比べるとかなり高い数字である。韓国で在宅死が多い理由は、自宅以外で死ぬ客死が忌まれているからである。病院で医者から長くないと告げられると、入院患者も自宅で臨終を迎えることが望まれ、病院から連れ戻されるのである。これは中国でも同じようである〔岩本一九九九　一九八～二〇〇〕。日本で病院死が増加しているのをどのように理解したらよいのか。客死を忌むという傾向がまったくないわけではないが韓国ほどではない。もっとも多くの日本人は病院死を客死とは考えていない。そのように考えなければ韓国や中国の比率と異なっているのが理解できない。

まとめと課題

ここで誕生と臨終の場を「自宅」という座標軸においてみたときに、どのような変化があったかをまとめておきたい。誕生と死は、まず誕生が先に自宅から離れた。次に死が自宅から離れた。誕生の場合は、妊婦たちがこぞって自宅出産をやめようとしたのではなく、乳幼児の死亡率低下をめざして国家施策の一つとして産婆資格を問題にし、戦後は母子健康センターを建てるなど人々に近代産科学の恩恵を受けさせようとする動向に基づくものであった。病院出産は、少子化・低出産率の中で、妊婦がリスクの少ない近代的施設が安全であろうと選択する結果でもある。女性自身が本来持っている産む機能を忘れ、近代産科学に頼る傾向が大きくなったことも変化の要因である。

臨終の場が病院に移ったのは比較的新しく、昭和五十二年（一九七七）に病院死が半数を超すまでは自宅で家族に看取られながら死んでいくことが多かった。それが変化したのは、地縁血縁による相互扶助が期待できなくなったことも要因の一つであるが、核家族化の傾向はそれに追い打ちをかけている。ここに病人看護の問題がクローズアップされてくる。韓国や中国では客死を忌み、病院で治療を受けていても臨終間近になると自宅に帰っているので、数字上自宅死が圧倒的に多く、与論島でもその傾向がある。そうすると病院死は社会の変化や文化の差異と無縁ではないことが分かる。

現代の誕生と死を見ていくと、いくつか興味深い共通点を見つけることができる。まず多くの人が病院で誕生し、病院で死ぬ。これは「場」の問題である。現代の生と死を考えるときのキーワードは「病院」である。次に誕生も死も両方とも多くの人の援助あるいは支援が必要である。かつては隣近所のトリアゲバアサンが出産をボランティアで手伝ってくれた。臨終に際しては、家族はもちろん近くに住む親族も駆けつけ死を見守った。必要に応じてタマヨビを行った。病気のときは呪術《じゅじゅつ》的な共同祈願をしてくれ、一緒に治癒《ちゆ》することを真剣に祈ったのである。ところが現在、誕生は産科医や助産師の手を借り、死に臨んでは必ず医師が脈を計ってくれ、死ねばすぐに看護師が身体の清拭《せいしき》処置をしてくれる。

また当然のことであるが、誕生も死も自分では時期を選べない。強いて選ぶとすれば自殺という方法しか見いだせない。もちろん病院では、出産予定日の調節や延命治療はすでに行われている。そして誕生も死亡もどちらも役所に届けるという形式をとる。もともと誕生や死は個人の人生に属することであるが、その誕生と死の登録は国家が管理していることを指摘した。なお、出産方法が座産から寝産に変わったのは、大間々町では昭和二十年前後であった。そして死の場合は湯灌後に納棺するが、昭和三十年代には座棺から寝棺に変化している。このように誕生と死はいずれも「座」から「寝」に変わっている。

誕生と死が日常生活の中にあった時代には、生命に対する臨場感は強く、人々は常に誕生と死を身近に実感できたのである。しかし誕生と臨終の場は、病院がそのほとんどを占めるようになっていく。それは国の政策あるいは時代の要請に基づいた結果である。病院出産と病院死の著しい増加は、医学、文化、そして現代社会の変貌と深く関わっていることを指摘したが、失われつつある誕生と死の臨場感をどのようにして私たちの心に戻していくかが真剣に考えられねばならない。そのことが、まさに「いのち」を実感することにつながるのである。

《参考文献》

池上良正　一九九六「姨捨伝説と現代」『歴博』七七号　国立歴史民俗博物館
井上理津子　一九九六『産婆さん、五〇年やりました・前田たまゑ物語』筑摩書房
岩本通弥　一九九九「死に場所と覚悟」『覚悟と生き方』筑摩書房
大間々町誌編さん室　一九九三『大間々町の民俗Ⅰ塩原・塩沢地区』大間々町誌刊行委員会
大間々町誌編さん室　一九九五『大間々町の民俗Ⅱ高津戸地区』大間々町誌刊行委員会
大間々町誌編さん室　一九九七『大間々町の民俗Ⅲ大間々市街地』大間々町誌刊行委員会
荻原始子　一九九五『家族よありがとう私の一生』私家版
柏木哲夫　一九九五『死を学ぶ』有斐閣
厚生省監修　一九九七『母子保健の主なる統計』母子保健事業団
近藤功行　一九九一「しぬ—生きることと死ぬこと」『ライフロング・ソシオロジー』東海大学出版会
小学館　一九八〇『日本国語大辞典』第五巻（縮刷版）小学館
新村　拓　一九九八『医療化社会の文化誌』法政大学出版局
滝根町史編さん委員会　一九八八『滝根町史第三巻民俗編』福島県滝根町
立川昭二　一九九八『生老病死』新潮社
永沢寿美　一九九六『産婆のおスミちゃん一代記』草思社
波平恵美子　一九九六『いのちの文化人類学』新潮社
西川麦子　一九九七『ある近代産婆の物語—能登・竹島みいの語りより—』桂書房
舩橋恵子　一九九四『赤ちゃんを産むということ』日本放送出版協会
山崎章郎　一九九〇『病院で死ぬということ』主婦の友社
吉村典子　一九八五『お産と出会う』勁草書房
吉村典子　一九九二『子どもを産む』岩波書店

人生儀礼研究の現在

伝統と現代を語るために

問題の所在

本章は、一九九七年から一九九九年までの三年間に刊行された人生儀礼に関する論考を中心に扱う。[1] 人生儀礼は人の成長段階に応じ、出産・育児・成年・婚礼・長寿・葬式の各儀礼が見られ、これらの儀礼を産育、婚礼、葬制・墓制の三つに分けるのが一般的である。[2] 近年の人生儀礼に関する諸論考をみていくと、この分類に当てはまらない隣接諸科学分野からの論考も見られ、学際的研究が進んできたと言える。また、現代の少子・高齢社会を反映し、家族や高齢者をめぐる問題関心の高まりは著しいものがあり、生老病死《しょうろうびょうし》に関する著作や論考は増大の傾向にある。[3]

私たちの人生は常に世の中の動きと密接に関わる。人々の生活空間は、村落社会から都市社会へと大きく変化してきた。村落社会における生と死は生活に密着していたが、現代の生と死は日常から隠蔽《いんぺい》されているといわれるように、「いのち」の実感そのものが薄らいでしまっている。その意味からも人間の生と死に関わる人生儀礼研究は、社会状況の急激な変化に対応していくことが求められている。それにはどうしたらよいか。蓄積された民俗資料を新しい視点で分析してみると、今まで通説とされていた理論も修正が必要になるかもしれない。

人生儀礼に関する研究史をひもときながら近年の研究動向を見ていくと、個別細分化された研究をくるための新しい枠組みの必要性を感じる。私たちはまさに現在、人生儀礼研究のあり方を見直す時期に直面しているのである。研究動向の分析作業を通して、新たな人生儀礼研究の扉を開くことができるであろう。

1　新たな人生儀礼研究の胎動

宮田登『冠婚葬祭』（岩波書店、一九九九）は、日本人の人生観と霊魂《れいこん》観を探求する視点から最新の研究成果を取り入れた人生儀礼概説である。個人で人生儀礼をトータルに描いたものとしては、牧田茂『日本人の一生』（講談社、一九九〇〈初版は一九六五〉）以来、久々の成果と言える。(4) 牧田は師折口信夫の霊魂観をベースに人生儀礼を解説してみせたが、宮田はケガレの排除を人生儀礼の目的の一つに設定する。それはとりもなおさず人間の霊魂の安定化につながると考えた。霊魂の安定化は柳田国男（「先祖の話」）・坪井洋文（「日本人の生死観」）の学説の継承でもある。宮田は、わが国の人生儀礼全体が画一化される現在の傾向を認識する一方、柳田国男の構想した祖霊観では現代社会の精神世界を十分に説明できなくなっていることを実感していた。そこでまず人生儀礼の根底にある霊魂観を照射することで日本人の生活文化体系を理解しようと試みた。しかし残念ながら、人生儀礼の根幹にある霊魂観の解明に留まり、現代社会との関わりについては触れるところが少なく、人生儀礼研究の新たな枠組みの提示には至っていない。

鈴木正崇「通過儀礼」（『時間の民俗（講座日本の民俗学6）』雄山閣、一九九八）は、霊魂や他界を前提とする民俗社会の論理が崩壊しようとしている現実を踏まえ、通過儀礼を従来の農民モデルから都市民モデルへと組み替える作業の必要性を説く。宮田と鈴木の提言は、共に人生儀礼が今まで農民社会を中心に考えられてきたことへの反省を指摘し、現実社会の変貌に対応した新しいモデル構築が急務であるとした。宮田も編者として加わる『人生儀礼事典』（小学館、二〇〇〇）は、このような動向に対応し、現代に生きるという視点から人生儀礼の項目を選択・解説した。人生儀礼とその周辺の習俗についても触れており、現在と過去の相互連関を考慮した現代学としての新しい人生儀礼研究の方向性を読みとることができる。

小川直之は「年齢儀礼研究の課題」（『國學院雑誌』一〇〇巻一一号、一九九九）で、人間の生命過程を通して意識され、儀礼と深く関わり特別視される「年齢」(5)に注目して「年齢儀礼」という術語を独自に設定した。これからは新たな生死観や身体観の構築に向けて積極的な研究が要求されるという認識のもとに、身体をめぐる儀礼としての年齢儀礼の枠組みを策定したという。具体的作業として千葉県における七歳儀礼の伝承を取り上げた。まず検討すべきは「年齢儀礼」という造語である。特化された年齢が儀礼を規定している事実への着目は慧眼《すいがん》であるが、果たして人生儀礼研究の新たな方向となりうるだろうか。宮田登・新谷尚紀編『往生考―日本人の生・老・死―』(小学館、二〇〇〇)は、一九九八年十一月に国立歴史民俗博物館で開かれた国際シンポジウムの記録である。民俗における老いの文化と現代における生と死について各界の研究者が意見を出し合った、その成果が同書である。生命に視点を据えた論展開で、こちらのほうに新たな人生儀礼研究の胎動を感じる。

2 誕生・育児をめぐる研究

出産環境の変化と出産観

岡田照子「誕生と育児」(『時間の民俗(講座日本の民俗学6)』雄山閣、一九九八)は、出産の医療化や社会変化など、誕生・育児をめぐる環境変化を指摘するが、残念ながら伝統的な産育儀礼の記述に終始している。帯祝《おびいわ》いのころに妊婦が胎動《たいどう》を感じるのを胎児の肉体と魂が順調であることの証しと述べるなど、全体が霊魂観一辺倒の考察になっている。出生率の減少、乳児死亡率・妊産婦死亡率の低下など、いずれも医療と深い関わりを持ちながら、俗信的な側面が薄れつつある分野でもある。この分野の研究に対し、何か新しい切り口を見出せないものであろうか。湯川洋司「七つ前の子どものいのち」(竹田旦編『民俗学の進展と課題』国書刊行会、一九九〇)が、既に霊魂によらない、身体を指標とする生命観の可能性を課題としているのだが。吉村典子編『出産前後の環境（講座人間と環境5）』（昭和堂、一九九九）は、主として文化人類学分野の研究者による女性学的視点からの論集となっている。人生儀礼関係では、吉村典子「出産習俗に見る『産む人中心』から『助産者中心』へ」がある。

文化人類学の西川麦子『ある近代産婆の物語―能登・竹島みいの語りより―』（桂書房、一九九七）は、明治以降の助産の歴史を時間軸に、石川県能登で活躍した一人の近代産婆のライフヒストリーを詳細に描いている。特定地域の出産をめぐる状況変化を丹念に追い求めた好著である。民俗学が伝統的な霊魂観や循環的生命観にこだわり続けている中、文化人類学は着々と成果を納めていることに驚くとともに民俗学の低迷を改めて実感する。そのような中にあって、安田宗生「明治期の産婆養成について―熊本県の新聞を中心として―」（『史境』三五号、一九九七）は、明治期の改良産婆が伝統的な出産習俗変化に影響を与えつつあることに注目し、熊本県の産婆養成と堕胎《だたい》の実態を明治期の新聞資料で明らかにしようと試みた。

近代産婆をめぐる研究は、出産環境の変化を跡づけるためにも大変貴重である。各地で活躍した近代産婆たちは、自らあるいはインタビューに答える形で自分たちの生活史を記録している。産婆体験記として『産婆のおスミちゃん一代記』（草思社、一九九五）、『産婆さん、五〇年やりました―前田たまゑ物語―』（筑摩書房、一九九六）、『あたたかいお産―助産婦一代記―』（晶文社、一九九八）などがある。産婆の永沢寿美については、佐々木美智子「助産婦と儀礼」（『女性と経験』二四号、一九九九）、「助産婦の現代―永沢寿美の記録―」（『日本民俗学』二一九号、一九九九）がある。鈴木七美『出産の歴史人類学—産婆世界の解体から自然出産運動へ—』（新曜社、一九九七）は、アメリカの事例であるが、出産を社会・文化との関連において捉え、出産の歴史的変化の底流をなす出産観の変容の解明に挑んだ研究である。

小林亜子「母と子をめぐる〈生の政治学〉—産婆から産科医へ、母乳から粉ミルクへ—」（『女と男の時空11』藤原書店、二〇〇一年）は授乳習慣の歴史を社会文化史的アプローチにより詳細な考察をしたものである。特に母乳で育てることの変化を追い、産後の女性の身体の問題を扱った画期的な論文である。

大藤ゆき『子育ての民俗—柳田国男の伝えたもの—』（岩田書院、一九九九）は、『子やらい』以降の既発表論考を一書にまとめたものである。このほか医療史分野から新村拓『出産と生殖観の歴史』（法政大学出版局、一九九六）、近世史分野の沢山美果子『出産と身体の近世』（勁草書房、一九九八）などの成果を得た。これらは出産・育児の通時的研究が必要であることを感じさせる。

誕生・育児をめぐる生命観と俗信

板橋春夫「ヒノエウマの俗信と出産—群馬県粕川村の事例を中心に—」（『群馬歴史民俗』一八号、一九九八）は、昭和四十一年の丙午《ひのえうま》年の出生数が前年に比べて四十六万人も減少し、その翌年に五十七万人の増加をみる現象に注目し、丙午年になぜ著しい出生数の減少がみられたのか。その現象を勢多郡粕川村（現前橋市粕川町）の丙午追放運動に注目し、丙午の俗信を信じる人々と丙午生まれの人たちの談話や若い村長や保健婦たちの活躍ぶりを紹介しながら近代医学と俗信の関係について論じた。このほか板橋には、「ふたご誕生の民俗―双生児観の捉え方とその変容―」(『民俗学論叢』一三号、一九九八)と「生まれ替わる名前―循環的生命観の再検討―」(『群馬歴史民俗』二〇号、一九九九)がある。前者は双生児への対応が時代によって異なることに注目し、双生児の出生率などの統計資料、諸民族の事例などにも目配りしながら、双生児観の変容を考察した。後者は石川県石川郡吉野谷村(現白山市)で死亡した赤子の名前を、次に生まれた子にそのまま付ける事例の考察である。出生届が実際の出生日から数年後に出された事例を分析した結果、戸籍事務の問題としても理解でき、循環的生命観の思考で片づけるべきではないと論じた。

上野和男・森謙二編『名前と社会―名づけの家族史―』(早稲田大学出版部、一九九九)は、家族史の視点からアジア地域における命名について考察した論考が収載される。上野和男「名前と社会をめぐる基本的諸問題」は、誕生した身体に霊魂を付与するのが名前であるとする霊魂シンボル説(原田敏明)、防衛力説(柳田国男)などの研究史を紹介している。上野は、異性名は社会的文化的存在としては一時的にせよ女性とみなすことから、これをジェンダーの問題に関連づけようとするが、果たしてそのような視点が適切であろうか。

誕生は呪術と深く関わり、この分野の研究は比較的活発である。中村禎里は『胞衣の生命(いのち)』(海鳴社、一九九九)で胞衣《えな》の歴史を包括的にまとめた。民俗学者の気づかなかった点に着目し、胞衣の意義の再考を迫る。小松清「近代社会における胞衣容器の一考察」(『民俗』一六八号、一九九九)は発掘出土の胞衣容器の紹介。中川奈央「妊娠の禁忌と呪具」(『民俗学論叢』一四号、一九九九）は、妊娠中の禁忌伝承の概要と出産と便所の関係、呪具としての箒《ほうき》について考え、出産や葬式で用いる箒は神霊を吸いつける招代《おぎしろ》であると説く。京田直美「新生児の未来に関わる神の話―『産神問答』を通して―」（『女性と経験』二二号、一九九七）は、新生児の運勢を司る神のうち、サエノカミに焦点を当てながら、箒神・山の神に続く第三の産神について考察した。京田「女性の祀る山の神―宮城県遠田郡小牛田山神社とその周辺―」（『女性と経験』二三号、一九九八）には、安産信仰として名高い小牛田《こごた》の山神社《やまのかみしゃ》についての報告もある。森俊「安産の呪具としてのヒャクヒロ―富山県東礪波郡利賀村奥大勘場の場合―」（『西郊民俗』一六一号、一九九七）は、熊の大小腸を乾燥して腹部に直接または腹帯と共に巻くもので、猟師がこのヒャクヒロを地域社会へ流通させていた実態を報告。佐藤光夫「漁村の出産」（『西郊民俗』一六八号、一九九九）は、福島県相馬市の近代産婆からの聞き書きであり、内藤美奈「対馬の産育習俗（1）・（2）」（『女性と経験』二三号・二四号、一九九八・一九九九）は、右近様と呼ばれる安産の神様を中心とした報告である。

3　成人・婚礼・女性

成人式の式典における新成人らの行動が毎年話題になる。二〇〇一年一月の成人式は、式典で騒いだ新成人に県知事が怒鳴ったり、爆竹《ばくちく》を鳴らし式を妨害した新成人を自治体が告発するなど、二十歳の行動は明らかに常軌《じょうき》を逸している。成人式開催の意義が改めて問われる。成人式は戦後、国家の祝日として制定され各自治体で式典が執り行われてきたが、民俗学的見地からの研究は寡聞《かぶん》にして知らない。それに呼応するかのように成年式関連の論考も少ない。そのような状況下で、八木透「一人前と婚姻」（『時間の民俗（講座日本の民俗学6）』雄山閣、一九九八）が成人儀礼をまとめている。男子のオバくれ褌をはじめ、女子のへこ祝い、カネツケなど死語に近い民俗語彙《ごい》である。佐藤健助「若者と山酒―秋田市下新城岩城―」（『西郊民俗』一六五号、一九九八）は、若者の仲間入り儀礼の報告である。この分野の伝統的民俗は人々の記憶のかなたの伝承となってしまったことも研究の低迷に拍車をかけるのだろうか。

婚礼は社会性を色濃く持つものであり、また呪術性を有するものでもある。江守五夫『婚姻の民俗―東アジアの視点から―』（吉川弘文館、一九九八）は、東アジアにおける諸民族の婚姻習俗を比較しながら日本の婚姻習俗の原型を求め、柳田国男の嫁入り婚中世起源説を批判する。近藤直也『ケガレとしての花嫁―異界交流論序説―』（創元社、一九九七）は、ショッキングな書名である。人生儀礼のなかでケガレといえば出産と死の場合であった。そこへ近藤は、婚礼のケガレを見出したのである。花嫁が着る白無垢《しろむく》や綿帽子《わたぼうし》は葬式の白無垢に通じるものであり、婚礼と葬式、そして誕生が生と死の通過という認識があったと考えた。花嫁は実家の娘としての性格を完全に消去し、新たに婚家の嫁として誕生しなければならないという考え方は、この世と異界を往復するという認識が根底にある。これはマタギなどの狩猟にたずさわる人々の伝承で、山の神の問題とも絡んでいる。酒井卯作「未婚の死」（『久里』六号、一九九九）は、婚礼と死について触れ、婚礼に葬式を演出するのは人生儀礼のなかの一つの呪術であったと推測した。

増田昭子「会津の慶弔帳を読む―倉田家の慶弔帳を中心に―」(『会津若松市史研究』創刊号、一九九九)は、冠婚葬祭の記録である慶弔《けいちょう》帳の分析である。共通のコンテクストを形成する伝承と現実は一致しないことがあり、慶弔帳はそのズレを読みとることが可能な資料である。鶏卵の大量使用、婚礼の献立、持ち帰り中心の料理など、興味深い事例が紹介される。このほか牛越嘉人「音信受納帳・祝儀受納帳に見られること―時代の移り変わりによる変化―」(『信濃』五〇巻一二号、一九九八)がある。

武田正『おんなのフォークロア』(岩田書院、一九九九)は、女性に視点を据えた民俗生活誌である。同書は、娘の時代、よめの時代、主婦の時代から成り、女性に関わる人生儀礼が成長に沿って手際よく記述される。女性を中心に人生儀礼や生活を見ていくことの新鮮さはもちろん、フェミニズムの問題を考える上でも重要な視点が随所に見られる。著者は人生儀礼の学問体系を再構想した結果、女性の人生を鮮明にあぶり出すことに成功した。中村ひろ子・倉石あつ子・浅野久枝・蓼沼康子・古家晴美『女の眼でみる民俗学』(高文研、一九九九)は、女性民俗を再構築しようとする意図が読みとれる、女性の立場からの研究啓蒙書である。ケガレの問題をはじめ、ケガレとしての花嫁の問題など、人生儀礼の研究史を踏まえた記述によって女性の民俗文化のあり方を問う。

大藤ゆき編『母たちの民俗誌』(岩田書院、一九九九)は、大藤の米寿記念に刊行した論文集である。そのこと自体が人生儀礼の範疇であるが、誕生から死までを網羅した論考が寄せられている。出産の民俗は、産む側の主体性の議論をはじめ、産育儀礼、子安講《こやすこう》など幅広い内容で、夫を見送った女性の聞き書きを通して介護や看取りの問題にも触れる。象徴としての飯杓子《めしじゃくし》の事例も掲載されるなど内容は豊かである。

これに関連して、女性民俗学研究会が会誌『女性と経験』を定期刊行している。女性をめぐる出産・婚礼・葬式など伝統的民俗学の範疇での事例紹介風のエッセイが目につく。もちろん家庭菜園と農家女性の関係を考察する新しい視点の論考（靍理恵子「家庭菜園と農家の女性―アンペイド・ワークの視点から―」『女性と経験』二三号、一九九八）なども散見するが、男女共同参画型社会を見据えた新しい論展開を期待したい。

4 長寿社会と老人文化

老人文化論の必要性

高齢者の生きがいと自立が叫ばれている現在、老いの民俗は注目される分野である。老いるとはどういうことか。民俗資料のデータ提供者である老人たちの経験知を活用するにはどうしたらよいか。老いの民俗は、誕生や死の民俗の中間にあり、それぞれの儀礼や生活に深く関わる。家族研究としての隠居《いんきょ》制や宮座《みやざ》の長老《ちょうろう》制に関する資料の蓄積はあるが、老人文化の民俗研究は緒に付いたばかりである。

宮田登『老人と子供の民俗学』（白水社、一九九六）は、高齢社会に対して民俗学がすこぶる無力なのは、話者、老人、古老の心の問題を民俗の枠からはずしてしまっているところに一つの原因があったとし、老人文化論の必要性を主張した。そこでは「老い」は単に老いるというだけでなく、「追い」すなわち追加するという意味があったことを指摘し、年齢階梯《かいてい》社会における長老の意義が説かれる。また、老人の六十歳と子どもの七歳に注目しながら境界的性格についても論じている。宮田は「日本人の老人観」（『歴史評論』五六五号、一九九七）でも、「老い」に付加価値を認める老人観を指摘している。

関沢まゆみ「宮座における年齢秩序と老いの意味の変化―奈良坂の老中の分析から―」（『日本民俗学』二一二号、一九九七）は、宮座員の年齢に注目した。さらに関沢「子供・大人・老人」（『身体と心性の民俗（講座日本の民俗学2）』雄山閣、一九九八）では、儀礼の境界上にある子どもと老人に注目して研究の見通しを付けた。関沢『宮座と老人の民俗』（吉川弘文館、二〇〇〇）は、民俗学の立場からの老人文化論であり、老人に視点を据えた宮座論でもある。第一章民俗学の老人論、第二章宮座と長老、第三章老人と葬送、第四章都市近郊農村の老人、終章の五章から成る。「六十歳をめぐる民俗」（『帝京史学』一二号、一九九七）は第三章に収録。宮座を執行する老人と普段の老人にみる振幅の大きさに注目し、社会的責任の重い宮座行事に参加する老人を生きがい・生きる目標という観点から捉え直した。日常における老人の姿を捉えることは大変難しいが、社会制度と生きがいの関係性を視野に入れながら、加齢を重ねる老人の社会における存在形態の研究が急がれる。

近年は長寿に関する研究も出始めている。板橋春夫「長寿銭《ちょうじゅせん》の民俗―長寿観の一側面―」（『群馬文化』二五六号、一九九六）は、群馬県と埼玉県を中心に分布する長寿銭についての論考である。長寿銭は百歳近くで亡くなった長寿者の葬式で配られる。祝儀用小袋に百円硬貨、五円硬貨などが入っており、もらった人は財布に入れたり神棚へ上げたり、まるで縁起物の種銭のような扱いである。この長寿銭は葬列が出るときに花籠《はなかご》を振って落とされる撒《ま》き銭《せん》の習俗が変化したものであることを論証した。

老いをめぐる民俗研究の活発化

日本民俗学会の創立五十周年プレシンポジウム「老いと老人」（第七七〇回談話会）は、一九九七年十二月四日、国学院大学で開催された。倉石忠彦・森謙二の司会により、蓼沼康子「日本民俗学における老いと老人―家族の側面から―」、川森博司「老人と昔話の語り」、大石泰夫「民俗芸能における『老いと老人』」が、それぞれの研究分野から老人文化論を報告した。コメンテイターを務めた宮田登は、老人の生きがいの実態を民俗資料化する作業の重要性を指摘している（『日本民俗学』二一四号、一九九八）。

ミニシンポジウムの成果と課題を受け、一九九九年四月二十九日に日本民俗学会五十周年記念シンポジウム「老い―その豊かさを求めて―」が墨田区曳舟文化センターで開催された。「老い―重ねる『生い』を問う民俗学、地域に生きる老熟の力を学ぶ」というサブテーマに四〇〇人を超える参加者があった。一九九五年に国が「高齢社会対策基本法」を制定し、来るべき高齢社会に備える準備を進めたが、日本民俗学会としてその動向に対応すべく「老い」をテーマに取り上げた。老人を社会的弱者というマイナスイメージで捉えるのでなく、豊富な人生経験に裏付けられた生活の知恵と技術を有する「意味ある存在」という認識で捉える。若い人々に民俗文化を伝承するのは地域社会で活躍してきた高齢者であるという共通認識のもとにシンポジウムは進められた。

当日配布された『日本民俗学会五〇周年記念シンポジウム／老い―その豊かさを求めて―』(日本民俗学会、一九九七)には、報告要旨、プレシンポジウムの記録、会員寄稿による小論文が載る。当日は、宮田登「老人文化と民俗学」をはじめ、野本寛一「老熟者の座標」、池田哲夫「勘に学ぶ」、森栗茂一「二十一世紀の都市モデル・向島―都市化と老いの世相変化から―」、西山郷史「お年寄りの役割―家・地域において―」、そして開催地の墨田区向島老人クラブによる興味深い活動報告が発表された。このシンポジウムの成果は『老熟の力―豊かな〈老い〉を求めて―』(早稲田大学出版部、二〇〇〇)として刊行された。

5 死をめぐる研究

死をめぐる民俗研究の隆盛

一九九九年二月、臓器移植法施行後初の脳死移植が行われ、この脳死をめぐって死とは何かが活発に議論された。現在、死をめぐる人々の意識は大きく変わろうとしている。一般に人が亡くなる前には病弱あるいは高齢であれば看病・介護を伴う。そして死の看取りがあり、葬式・供養と続く。死をめぐる研究が近年活発に行われるのは、現代人にとって死が分かりにくいことの裏返しであろう。不幸が生じると、村落社会の構成員は一緒に悲しみ、相互扶助の精神で葬式の助け合いを行ってきた。それが社会構造の変化と人々の意識変化に伴い、死の儀礼も大きく変化してきた。葬式の段取りなど、村落社会が持ち伝えてきた心構えや作法が時代とともに不分明になってきたので、新住民が増加している地域社会ではある程度統一した基準が必要なのかもしれない。村落社会が維持してきた葬式の変容は、同時に葬式の家族化・個性化が進むことを意味した。

新谷尚紀編『死後の環境（講座人間と環境9）』（昭和堂、一九九九）は、現代の葬送と墓制研究に目配りした論集である。「死ぬということ」（新谷尚紀）、「死を看取る」（新村拓）、「死の現場―尊厳死をめぐって―」（福間誠之）、「癒される死者　癒す死者―民俗・民衆宗教の視角から―」（池上良正）、「葬祭業者を利用することとは―互助から契約へ―」（山田慎也）、「葬送と社会集団―葬法の法社会学的考察―」（森謙二）、「移住する『生』、帰郷する『死』」―ある在日済州道出身者の帰郷葬送の事例―」（李仁子）、「長老衆と死・葬・墓」（関沢まゆみ）、「墓と祖先祭祀―沖縄の事例から―」（比嘉政夫）、「墓と貨幣―古代中国の死後の世界―」（西谷大）が収録される。

このうち、新村拓「死を看取る」（『死後の環境』昭和堂、一九九九）は、農民日記を利用して看取り文化に言及している。民俗学では、倉石あつ子「嫁のつとめ―看護の看取り―」（『フォーラム』一八号、二〇〇〇）が、嫁の立場から看護と看取りについて事例報告をしている程度で、調査研究が立ち遅れている分野の一つである。

宮田登「霊魂の行方」（『日本民俗学』二一六号、一九九八）は、日本文化における霊魂観研究のあり方を問うもので、柳田国男の祖霊信仰論の見直し、つまり祖霊信仰一元論の相対化が求められている。金田久璋「祖霊信仰」（『神と霊魂の民俗（講座日本の民俗学7）』雄山閣、一九九七）は、民俗学が現実社会と切り結ぶことの重要性を強調しつつ、祖霊信仰の再検討を提起した。坂本要「他界観と民俗」（『神と霊魂の民俗（講座日本の民俗学7）』雄山閣、一九九七）は、他界観の研究史を概括しているが、死生観を考察していく上で関わりの深い分野である。網野善彦・大西廣・佐竹昭広編『人生の階段』（福音館書店、一九九九）は、民俗学を含んだ学際的分野からの人生儀礼の啓蒙書である。

また、田中久夫『祖先祭祀の展開—日本民俗学の課題—』（清文堂、一九九九）は、第二章「祖先崇拝」と第三章「生と死の間の俗信」で、日本人の祖霊観について歴史民俗的に考察する一方、出産儀礼と葬送儀礼に関わる具体的な民俗を取り上げた。須藤功『葬式—あの世への民俗—』（青弓社、一九九六）は、全国の葬送儀礼をビジュアルに描き出したフォトドキュメントである。

葬式の変化と民俗

新谷尚紀「死と葬送」（『時間の民俗（講座日本の民俗学6）』雄山閣、一九九八）は、死の恐怖を導入部に配し、葬式の変化と地域差について論究し、血縁と地縁の差にも触れる。特に地域差の意味は民俗学だけでなく、歴史学の立場からも検証を進める必要があることを指摘している。勝田至「民俗の歴史的再構成」（『民俗研究の課題（講座日本の民俗学10）』雄山閣、二〇〇〇）は、民俗と時間に関する論考であるが、具体的事例として夜間に行われた葬式の歴史的変遷について触れている。

嶋根克己「近代化と葬儀の変化」（副田義也編『死の社会学』岩波書店、二〇〇一〈初出原題「変わる社会と葬送儀礼」橋本・大沢編『現代社会文化論』一九九七〉）は、竹内利美と有賀喜左衛門の長野県における葬式のモノグラフ（竹内「村落社会における葬儀の合力組織」、有賀「不幸音信帳からみた村の生活」）を前近代の事例とし、近年の葬式の調査事例（東京の一事例）を比較しながら考察を進める。前近代的な葬式が地域社会に根ざしているのに対し、現代の大都市部における葬式は家族単位となり、そこに集まる参列者も広範囲で葬儀社の関与も大きい。しかも脱宗教的な側面も見られる。儀礼的側面からは、葬列の消滅を葬式と埋葬を取り巻く環境の変化と理解し、葬式をめぐる社会関係の変化に注目し、葬式の近代化は葬式の個人化であると主張した。小田嶋政子「生活改善運動と婚姻・葬送儀礼の変化—北海道伊達市の事例から—」（『日本民俗学』二一〇号、一九九七）は、調査地における火葬場の建設と冠婚葬祭の簡素化は一九六〇年前後のことであるとし、合理的な葬式の動向に注目している。

嶋根が葬式の標準化の一例として紹介した『わたしたちのデザイン—葬送—』（東京都、一九九七）にも注目しなければならない。このハンドブックは東京都生活文化局が、死や葬式に関する情報の提供という観点から作成したもので、同書は葬式の歴史を概観し人生儀礼にも言及した現代葬式概説とも言える。このような葬式関係のマニュアル化の動きは全国各地で見られ、神戸新聞総合出版センター編『ひょうごのお葬式』（神戸新聞総合出版センター、一九九七）、『ぐんまの葬祭—旅立ちかた 旅立たせかた—』（上毛新聞社、二〇〇〇年）など、地域の習慣を重視した葬式マニュアルが作成されている。

国立歴史民俗博物館『死・葬送・墓制資料集成』東日本編1・2（一九九九）および西日本編1・2（二〇〇〇）は、東日本と西日本の計六〇地点における一九六〇年代と一九九〇年代の具体的な葬式事例を納めた大部な調査報告書である。わずかな事例で結論を急ぐ方法に比べ、全国各地の具体的事例の集積を図るのは時間と労力のかかる作業である。しかし、安易な一般化を急がず、事実の積み重ねによって仮説を立てる民俗学本来の手法を考えれば、オーソドックスだが貴重な成果である。福沢昭司「土葬から火葬へ―火葬にする時期をめぐって―」（『信濃』五二巻一一号、二〇〇〇）は、この資料集を活用した論考の嚆矢《こうし》であるが、今後、本資料集を利用した研究の活発化が期待される。葬式といえば、従来は家族の葬式が調査研究の中心であったが、中牧弘允編『社葬の経営人類学』（東方出版、一九九九）は、社葬を取り上げたユニークな一書で、事例研究を通して会社文化の特質を見出すことが目的である。

戒名《かいみょう》の問題は世俗的・現実的な小さな事柄であるが、檀家《だんか》制度を含め大きな問題をはらんでいる。島田裕巳『戒名無用』（主婦の友社、一九九九）は、戒名の必要性に疑問を投げかける。前著『戒名―なぜ死後に名前を変えるのか―』（法蔵館、一九九一）に続く問題提起の書である。民俗学では戒名は仏教の領域と考えたためか、ほとんど調査の対象にしてこなかった。長寿者の戒名や生前戒名としてわずか扱う程度であった。戒名そのものは個人の死後における名前にすぎないかもしれないが、家族のあり方や檀家制度、葬式の経済などと深く関わる現実的問題である。プライバシーの保護に留意しながら各地で調査研究が進むことが望まれる。

墓制と死者供養

　土井卓治『葬送と墓の民俗』（岩田書院、一九九七）は、亡き人の蘇生《そせい》と鎮魂《ちんこん》のためのモガリについて冒頭で触れる。いずれも昭和三十年代から六十年代にかけて執筆された論文集であるが、一書となり土井の研究視角がより鮮明になった。死者との絶縁を死者の恐怖感に基づくものとするか、死のケガレとするか、あるいは死んだのだから帰ってはいけないというワカレなのか心意はずいぶん異なる。新谷尚紀は『死・墓・霊の信仰民俗史』（国立歴史民俗博物館、一九九八）で生まれ変わりと火葬、墓について述べる。玉木順彦「南島の葬墓制」（『神と霊魂の民俗（講座日本の民俗学7）』雄山閣、一九九七）は沖縄の洗骨《せんこつ》、位牌祭祀《いはいさいし》、風水《ふうすい》について触れる。また、原知章「儀礼と社会変動―沖縄・与那国島における死者儀礼の事例より―」（『日本民俗学』二一七号、一九九九）は、詳細な葬送儀礼の過程を報告し、死者儀礼が年長者の年少者に対する社会的優位を再認する場として機能しており、また死者儀礼が交際の側面が強いことを指摘した。これも現代的視点の一例と言える。

　両墓制《りょうぼ》についいては、日本民俗学会主催のシンポジウム（第七六七回談話会）が開催され、大島建彦の司会で、井之口章次「両墓制から」、蒲池勢至「石塔両墓制の位置」、新谷尚紀「民俗学にとって両墓制とは何だったのか」の三氏がパネラーとして報告。福田アジオがコメンテーターを務めた。両墓制はわが国の墓制の基本だという呪縛からの解放を再確認した。討論の成果は、両墓制研究に一定の方向性が見出されたことであろう（『日本民俗学』二一四号、一九九八）。このシンポジウムに参加した蒲池勢至「両墓制と単墓制」（『神と霊魂の民俗（講座日本の民俗学7）』雄山閣、一九九七）は、両墓制研究史を踏まえ、村落社会の墓制の変遷や死者祭祀問題を視野に入れながら両墓制と単墓制の成立時期の問題など、両墓制の本源に迫る。前田俊一郎「両墓制の誕生とその後―明治期に成立した両墓制を考える―」(『常民文化』一九号、一九九六)は、共同墓地新設を契機に生まれた新しい両墓制について考察した。前田には「近代行政資料にあらわれた葬墓制の民俗学的考察―府県伺にみる民俗と法―」(『常民文化』二一号、一九九八)、「地域社会における墓制の重層的構造―近代以降の共同墓地と公園墓地の形成をめぐって―」(『常民文化』二二号、一九九九)がある。前者は屋敷墓に言及し、後者は公園墓地のあり方を墓制の重層的構造を指摘した。

近年、墓地をめぐる研究が活発である。鈴木岩弓・サンドラ・ヘルリナ「墓が語る現代(2)―仙台市における民営共同墓地の場合―」(『東北文化研究室紀要』四〇集、一九九九)は、墓石の調査を通して造墓者の死生観を探ろうとする研究である。墓石の文字や形態を細かく分類整理し一覧表を作成する。根気のいる悉皆《しっかい》調査に裏付けられた詳細な分析がなされている。火葬骨の問題は、尾上一明「遺骨のゆくえ―火葬骨の扱いをめぐって―」(『民俗的世界の探求―かみ・ほとけ・むら―』慶友社、一九九六)が詳しい。火葬後の遺骨の扱いに関する研究史を押さえた上で、骨掛け習俗の検討をはじめ遺骨の扱いで全部収骨と一部収骨の差は、納骨信仰が中部地方に濃厚なこと、近畿地方に顕著な両墓制との関連ではないかと考察した。

岩田重則「最終年忌塔婆論」(『群馬歴史民俗』一九号、一九九八)は、資料の分析に際し、伝承者解釈を用いず、形状と材質という客観的事実に基づく類型析出の必要性を主張する。最終年忌塔婆とは、死霊あるいは荒魂を最終的に鎮めるための仏教民俗であると結論づける。資料操作にも触れながら柳田国男説に再考を促す。板橋春夫「葬式の今昔―ケガレと非日常の民俗―」（『月刊上州路』二七九号、一九九七）は、群馬県の事例をもとに葬式に顕著な儀礼のうち、喪服の色の変化、忌中の標識としてのモンペイ習俗、非日常を象徴する諸儀礼について述べたものだが、問題提起にとどまる。松尾あずさ「石川県羽咋郡富来町における葬送儀礼」（『西郊民俗』一六〇号、一九九七）は、浄土真宗地域の葬送儀礼の報告で、特に石川県下の泣女《なきおんな》習俗にも触れている。安藤紫香「土葬のころの村定め」（『福島の民俗』二七号、一九九九）は、福島県南郷村の土葬時代の葬送習俗が生活者の視点から報告された。

まとめと課題

現代の人生儀礼研究は、過去形のコンテクストの中に存在する伝統的な民俗事象と眼前の生活事実との落差をいったいどのように認識・自覚、そして克服していくかという大きな課題を抱えている。このことは民俗学のどの分野にもあてはまることであるが、研究対象の語られる過去の民俗と現実社会の隔たりが存在することを常に忘れてはいけない。特に人生儀礼研究ではその自覚が重要であろう。それを忘れてしまうと、民俗学は伝統と現代を語ることが不可能になってしまう。

もうひとつの課題として、研究の視角や方法論の検討が急務である。従来はともすれば調査資料の紹介に終始し、現場主義とでも言うべき聞き書き優先の考え方が支配していた。もちろん現場主義は民俗学の基本であるが、これからの民俗学は歴史資料や近代の統計資料の分析も大変重要になってくある。人生儀礼は、ある個人が生きた時代や人生の一こまであることを考えれば、時間認識の重要さを首肯《しゅこう》し、通時的研究を疎《おろそ》かにできないことを理解するだろう。さらに歴史学・文化人類学・社会学など隣接諸科学との学際的研究もきわめて大切になってきている。

死者は三十三年忌を過ぎると先祖・神様に昇華するという。その一方でどこかに生まれ変わるとも伝えられている。この生まれ変わりの思考が循環的生命観である。現代人で生命が循環していると考える人は果たしてどれほどいるだろうか。もちろん生者が死者を弔《とむら》うなど、生と死は連関性を有しているが、生と死は断絶した別個の存在であるという認識を多くの現代人が持つと思われる。そのようなことからも生と死に関し、民俗研究上の新しい枠組みが模索されねばならない。

今までの人生儀礼研究は循環的生命観、すなわち「生まれ変わり」や「霊魂」がキーワードであった。医療人類学の波平恵美子は『いのちの文化人類学』（新潮社、一九九六）の中で、民俗学の資料をふんだんに用いながら医療と生命について鋭い分析を展開している。波平の研究によると、これからは「生命」がキーワードになっていくことが予測される。生命は、いままで伝統的な宗教や哲学の立場から論じられてきたが、現代は具体的な生命操作や臓器移植などの医学との関わりの中で、生命とはいったいどうあるべきか、どのように対処していくべきか、という実践性の高い方向が模索されるようになってきた。特に病院における終末期医療の問題がクローズアップされている。(6) また、近年は生命倫理の分野が重要視され、民俗学もその動向に無関心ではいられない。

民俗学の概説書に紹介される人生儀礼は、はるか昔のことであると感じる人が増えている。昔はていねいにやっていた儀礼も、古くさいとか意味がないという理由でやめてしまったものも少なくない。意味が不明になり合理的説明ができなくなった儀礼も多い。(7) 民俗学の立場から積極的に解説すべきであろうが、現代人の感覚と民俗研究の隔たりは大きく、宮田登が「現代の変容する死の習俗をきちんととらえる視点を確立することが焦眉の急であり、そのためには生と死をめぐる人文学の学際分野に積極的に参加すべきであろう」(「霊魂の行方」『日本民俗学』二一六号、一九九八)と主張するのは、現代の社会情勢に柔軟に対応できる人生観、霊魂観の研究枠組みと学際的研究の必要性を感じとっていたからにほかならない。私たちは宮田の提言を真摯《しんし》に受けとめ、人生儀礼研究を再検討しながら新しいモデル構築を目指さねばならない。

《注》

(1) 学史上、重要と思われる文献は対象の一九九七年から一九九九年までの三年間に限定せず、必要最小限の論考はこの時期を超えて紹介することにした。

(2) 上野和男ほか編『民俗調査ハンドブック』(吉川弘文館、一九七四年)は、人生儀礼を産育、婚礼、葬制・墓制に三つに大分する。赤田光男ほか『日本民俗学』(弘文堂、一九八四年)は、人生儀礼を産育儀礼、成人儀礼、婚姻儀礼、厄年・年祝い儀礼、葬送儀礼の五つに分ける。儀礼伝承研究の課題の一つは、儀礼の横の連関を究明することにあるという赤田光男の指摘にも関わらず、残念ながら現在まで儀礼相互の関連を追究した研究成果はほとんど見られない。

(3) 一般書では『人生の階段』(福音館書店、一九九九)をはじめ、数多くの著作が刊行されている。博物館関係では『他界への旅立ち—生と死の文化とその周辺—』(土浦市立博物館、一九九一)を嚆矢に、『祈り・忌み・祝い—加賀・能登の人生儀礼—』(石川県立歴史博物館、一九九三)、『人生儀礼の諸相—誕生・結婚・葬送をめぐる人々—』(くにたち郷土文化館、一九九七)、『ゆれる生と死の境界』(大阪人権歴史資料館、一九九七)、『生の中の死』(福島県立博物館、一九九九)をはじめ、各地の博物館で、人生儀礼をテーマにした企画展が開催され展示図録が刊行されている。人々の問題関心の高さを推測できる。

(4) 加藤秀俊『人生のくくり方—折目・節目の社会学—』(日本放送出版協会、一九九五)は、ジェネップの『通過儀礼』を縦糸、ハレ・ケ論を横糸にして独自の人生儀礼概説を織り出した。「教育と職業」「地位と栄誉」など、従来ほとんど取り上げられなかった分野にも言及があり、現代的視点からの概説となっている。また、新谷尚紀『死と人生の民俗学』(曜曜社、一九九五)は、民俗学の立場から人生儀礼研究の研究史を踏まえた概説となっている。

(5)　年齢に注目したものに、H・P・チュダコフ『年齢意識の社会学』(法政大学出版局、一九九四)がある。同書で十九世紀以降のアメリカ社会における年齢意識のあり方を論じた。その中で、一定の暦年的時間を経過することが個人の身分を決定づける手段としての通過儀礼と過去の象徴に取って代わったという。「年齢」への注目は一つの方向であるかもしれない。

(6)　死と生命に関する分析アプローチの変化についての考え方は、生命学を専攻する森岡正博の研究を参照のこと(森岡正博「『死』と『生命』研究の現状」井上俊ほか編『病と医療の社会学(岩波講座現代社会学14)』岩波書店、一九九六)。

(7)　小松和彦は「『伝統的な』ないしは『前近代的な』葬送儀礼や死の観念が、現在の地域社会(民俗社会)にそのまま残っていると思われた時代は、もう遥か彼方に去ってしまった。そのような事例は、かつての民俗調査報告や古老の記憶を掘り起こすことで辛うじて知ることができるにすぎないのである。」と指摘している(「分散・個別化する民俗宗教研究」『日本民俗学』二一四号、一九九八)。

《参考文献》

赤田光男ほか　一九八四　『日本民俗学』　弘文堂

赤田光男　一九八四　「儀礼伝承」　赤田光男ほか『日本民俗学』　弘文堂

網野善彦・大西廣・佐竹昭広編　一九九九　『人生の階段』　福音館書店

安藤紫香　一九九九　「土葬のころの村定め」『福島の民俗』二七号　福島県民俗学会

板橋春夫　一九九七　「葬式の今昔―ケガレと非日常の民俗―」『月刊上州路』二七九号あさを社

板橋春夫　一九九八a　「ヒノエウマの俗信と出産―群馬県粕川村の事例を中心に―」『群馬歴史民俗』一八号　群馬歴史民俗研究会

板橋春夫　一九九八b　「ふたご誕生の民俗―双生児観の捉え方とその変容―」『民俗学論叢』

一三号　相模民俗学会
板橋春夫　一九九八c　「長寿銭の習俗―長寿観の一側面―」『群馬文化』二五六号　群馬県地域文化研究協議会
板橋春夫　一九九九　「生まれ替わる名前―循環的生命観の再検討―」『群馬歴史民俗』二〇号　群馬歴史民俗研究会
井上理津子　一九九六　『産婆さん、五〇年やりました―前田たまゑ物語―』　筑摩書房
岩田重則　一九九八　「最終年忌塔婆論」『群馬歴史民俗』一九号　群馬歴史民俗研究会
上野和男ほか編　一九七四　『民俗調査ハンドブック』　吉川弘文館
上野和男・森謙二編　一九九九　『名前と社会―名づけの家族史―』　早稲田大学出版部
牛越嘉人　一九九八　「音信受納帳・祝儀受納帳に見られること―時代の移り変わりによる変化―」『信濃』五〇巻一二号　信濃史学会
江守五夫　一九九八　『婚姻の民俗―東アジアの視点から―』　吉川弘文館
大藤ゆき　一九九九　『子育ての民俗―柳田国男の伝えたもの―』　岩田書院
大藤ゆき編　一九九九　『母たちの民俗誌』　岩田書院
岡田照子　一九九八　「誕生と育児」　赤田光男ほか編『時間の民俗（講座日本の民俗学6）』　雄山閣
小川直之　一九九九　「年齢儀礼研究の課題」『國學院雑誌』一〇〇巻一一号　國學院大學
小田嶋政子　一九九七　「生活改善運動と婚姻・葬送儀礼の変化―北海道伊達市の事例から―」『日本民俗学』二二〇号　日本民俗学会
尾上一明　一九九六　「遺骨のゆくえ―火葬骨の扱いをめぐって―」『民俗的世界の探求―かみ・ほとけ・むら―』　慶友社
勝田　至　二〇〇〇　「民俗の歴史的再構成」『民俗研究の課題（講座日本の民俗学10）』　雄山閣
加藤秀俊　一九九五　『人生のくくり方―折目・節目の社会学―』　日本放送出版協会
金田久璋　一九九七　「祖霊信仰」『神と霊魂の民俗（講座日本の民俗学7）』　雄山閣
蒲池勢至　一九九七　「両墓制と単墓制」『神と霊魂

の民俗（講座日本の民俗学7）』 雄山閣
京田直美 一九九七 「新生児の未来に関わる神の話—『産神問答』を通して—」『女性と経験』二二号 女性民俗研究会
京田直美 一九九八 「女性の祀る山の神—宮城県遠田郡小牛田山神社とその周辺—」『女性と経験』二三号 女性民俗研究会
くにたち郷土文化館編 一九九七 『人生儀礼の諸相—誕生・結婚・葬送をめぐる人々—』 くにたち郷土文化館
倉石あつ子・小松和彦・宮田登編 二〇〇〇 『人生儀礼事典』 小学館
倉石あつ子 二〇〇〇 「嫁のつとめ—看護の看取り—」『フォーラム』一八号 跡見学園女子大学
神戸新聞総合出版センター編 一九九七 『ひょうごのお葬式』 神戸新聞総合出版センター
国立歴史民俗博物館編 一九九九 『死・葬送・墓制資料集成東日本編』1・2 国立歴史民俗博物館
国立歴史民俗博物館編 二〇〇〇 『死・葬送・墓制資料集成西日本編』1・2 国立歴史民俗博物館
小林亜子 二〇〇一 「母と子をめぐる〈生の政治学〉—産婆から産科医へ、母乳から粉ミルクへ—」『女と男の時空11』 藤原書店
小松和彦 一九九八 「分散・個別化する民俗宗教研究」『日本民俗学』二一四号 日本民俗学会
小松 清 一九九九 「近代社会における胞衣容器の一考察」『民俗』一六八号 相模民俗学会
近藤直也 一九九七 『ケガレとしての花嫁—異界交流論序説—』 創元社
酒井卯作 一九九九 「未婚の死」『久里』六号 神戸女子大学民俗学研究会
佐々木美智子 一九九九a 「助産婦の現代—永沢寿美の記録—」『日本民俗学』二一九号 日本民俗学会
佐々木美智子 一九九九b 「助産婦と儀礼」『女性と経験』二四号 女性民俗研究会
佐藤健助 一九九八 「若者と山酒—秋田市下新城岩城—」『西郊民俗』一六五号 西郊民俗談話会
佐藤光夫 一九九九 「漁村の出産」『西郊民俗』一六八号 西郊民俗談話会

島田裕巳　一九九九『戒名無用』主婦の友社
嶋根克己　二〇〇一「近代化と葬儀の変化」副田義也編『死の社会学』岩波書店
（初出は原題「変わる社会と葬送儀礼」橋本・大沢編『現代社会文化論』一九九七年、東信堂）
新谷尚紀　一九九五『死と人生の民俗学』曜曜社
新谷尚紀　一九九八『死・墓・霊の信仰民俗史』国立歴史民俗博物館
新谷尚紀　一九九八「死と葬送」赤田光男ほか編『時間の民俗（講座日本の民俗学6）』雄山閣
新谷尚紀編　一九九九『死後の環境（講座人間と環境9）』昭和堂
新村　拓　一九九六『出産と生殖観の歴史』法政大学出版局
鈴木岩弓・サンドラ・ヘルリナ　一九九九「墓が語る現代（2）―仙台市における民営共同墓地の場合―」『東北文化研究室紀要』四〇集
鈴木七美　一九九七『出産の歴史人類学―産婆世界の解体から自然出産運動へ―』新曜社
鈴木正崇　一九九八「通過儀礼」赤田光男ほか編『時間の民俗（講座日本の民俗学6）』雄山閣
須藤　功　一九九六『葬式―あの世への民俗―』青弓社
関沢まゆみ　一九九七「六十歳をめぐる民俗」『帝京史学』一二号　帝京大学
関沢まゆみ　一九九七「宮座における年齢秩序と老いの意味の変化―奈良坂の老中の分析から―」『日本民俗学』二一二号　日本民俗学会
関沢まゆみ　一九九八「子供・大人・老人」『身体と心性の民俗（講座日本の民俗学2）』雄山閣
関沢まゆみ　二〇〇〇『宮座と老人の民俗』吉川弘文館
武田　正　一九九九『おんなのフォークロア』岩田書院
田中久夫　一九九九『祖先祭祀の展開―日本民俗学の課題―』清文堂
玉木順彦　一九九七「南島の葬墓制」『神と霊魂の民俗（講座日本の民俗学7）』雄山閣
H・P・チュダコフ　一九九四『年齢意識の社会学』法政大学出版局

土井卓治　一九九七　『葬送と墓の民俗』　岩田書院
靍理恵子　一九九八　「家庭菜園と農家の女性―アンペイド・ワークの視点から―」『女性と経験』二三号　女性民俗研究会
東京都生活文化局　一九九七　『わたしたちのデザイン―葬送―（生活プラン・ハンドブックシリーズ四）』　東京都生活文化局
内藤美奈　一九九八　「対馬の産育習俗（1）」『女性と経験』二三号　女性民俗研究会
内藤美奈　一九九九　「対馬の産育習俗（2）」『女性と経験』二四号　女性民俗研究会
中村禎里　一九九九　『胞衣の生命』　海鳴社
中村ひろ子・倉石あつ子・浅野久枝・蓼沼康子・古家晴美　一九九九　『女の眼でみる民俗学』　高文研
永沢寿美　一九九五　『産婆のおスミちゃん一代記』　草思社
中川奈央　一九九九　「妊娠の禁忌と呪具」『民俗学論叢』一四号　相模民俗学会
中牧弘允編　一九九九　『社葬の経営人類学』　東方出版
波平恵美子　一九九六　『いのちの文化人類学』　新潮社
西川麦子　一九九七　『ある近代産婆の物語―能登・竹島みいの語りより―』　桂書房
日本民俗学会編　一九九九　『日本民俗学会五〇周年記念シンポジウム／老い―その豊かさを求めて―』　日本民俗学会
野本寿美子　一九九八　『あたたかいお産―助産婦一代記―』　晶文社
原　知章　一九九九　「儀礼と社会変動―沖縄・与那国島における死者儀礼の事例より―」『日本民俗学』二一七号　日本民俗学会
福沢昭司　二〇〇〇　「土葬から火葬へ―火葬にする時期をめぐって―」『信濃』五二巻一一号　信濃史学会
前田俊一郎　一九九六　「両墓制の誕生とその後―明治期に成立した両墓制を考える―」『常民文化』一九号　成城大学
前田俊一郎　一九九八　「近代行政資料にあらわれた葬墓制の民俗学的考察―府県伺にみる民俗と法―」『常民文化』二一号　成城大学

前田俊一郎　一九九九「地域社会における墓制の重層的構造―近代以降の共同墓地と公園墓地の形成をめぐって―」『常民文化』二二号　成城大学
牧田　茂　一九九〇『日本人の一生』講談社（初出は『人生の歴史』河出書房、一九六五年）
増田昭子　一九九九「会津の慶弔帳を読む―倉田家の慶弔帳を中心に―」『会津若松市史研究』創刊号　会津若松市
松尾あずさ　一九九七「石川県羽咋郡富来町における葬送儀礼」『西郊民俗』一六〇号
宮田　登　一九九六『老人と子供の民俗学』白水社
宮田　登　一九九七「日本人の老人観」『歴史評論』五六五号　歴史学研究会
宮田　登　一九九八「霊魂の行方」『日本民俗学』二一六号　日本民俗学会
宮田　登　一九九九『冠婚葬祭』岩波書店
宮田　登・新谷尚紀編　二〇〇〇『往生考―日本人の生・老・死―』小学館
宮田　登・森謙二・網野房子編　二〇〇〇『老熟の力―豊かな〈老い〉を求めて―』早稲田大学出版部
森　俊　一九九七「安産の呪具としてのヒャクヒロ―富山県東礪波郡利賀村奥大勘場の場合―」『西郊民俗』一六一号　西郊民俗研究会
森岡正博　一九九六「『死』と『生命』研究の現状」井上俊ほか編『病と医療の社会学（岩波講座現代社会学14）』岩波書店
八木　透　一九九八「一人前と婚姻」赤田光男ほか編『時間の民俗（講座日本の民俗学6）』雄山閣
安田宗生　一九九七「明治期の産婆養成について―熊本県の新聞を中心として―」『史境』三五号　歴史人類学会
湯川洋司　一九九〇「七つ前の子どものいのち」竹田旦編『民俗学の進展と課題』国書刊行会
吉村典子編　一九九九『出産前後の環境（講座人間と環境5）』昭和堂

第2部
いのちの民俗誌

「いのちの民俗誌」は、筑波大学に提出した博士論文の一部である。論文は三部構成であり、第一部と第二部は『誕生と死の民俗学』として出版された。しかし第三部は事例研究であり、ボリュームもあったので一書に納められなかった。今回加筆修正し、本書に収録したので、どなたにも読んでいただけるようになった。

博士論文というと堅苦しく難解という先入観があるが、本書に収録した「いのちの民俗誌」は、ライフヒストリー的手法を採用しながら二〇人以上の方々からの聞き書きを再構成したもので、身近な生活伝承に満ちあふれている。豊富すぎる事例のために読み疲れるかもしれないが、私が事例をどのように読み取り、分析していったかという研究プロセスを示したので、研究法を学ぶことも可能であると思う。

なお、データを提供してくれた伝承者の皆さんの個人名は記号化して個人情報保護に配慮した。

民俗調査の様子。（写真提供　館林市史編さんセンター）

いのちの民俗誌

誕生と死についての聞き書き

問題の所在

人は誕生から死ぬまでの間にさまざまな祝い事や儀礼を行っている。これらは一般には「冠婚葬祭」と呼ばれるが、民俗学では人生の各段階に行われる祝い事や儀礼を総称して「人生儀礼」または「通過儀礼」と呼び、日本人の生死観や霊魂観《れいこんかん》を究明するための重要な研究領域とされ、今までに豊富な民俗資料を蓄積してきた。

現実に生きる人間の人生軌跡《きせき》は多様であり、ひと括《くく》りに論述するのは多くの困難がつきまとう。時代や地域への考慮はもちろんのこと、社会経済状況など多方面からの分析が必要であり、さらに階層や家格《かかく》、男女差なども視野に入れて考察する必要があるからである。しかし、個別の事例に即した細かな分析を重ねていくと、大きな枠組みあるいは儀礼の本質を見失いかねない。

そこで多種多様な側面を思い切って捨象しつつも、ある一定の人生観や人生軌跡を提示できる方法が模索されねばならないと思う。

その一つの方法として、私は「生きる」ための儀礼という視点に注目した。個人の一生は誕生に始まり、成長、結婚、父母になること、厄年・長寿祝い、死という階梯《かいてい》を歩む。人生の節目には儀礼が組み込まれ、その儀礼を経ることによって人々は次の段階に進む。それらの儀礼は、個人をある特定のステータスから別のやはり特定のステータスへと通過させることが目的である。そのために個人の人生は異なるにしても、儀礼は類似する傾向にある。個人に注目すると、ある集団から他の集団へ、ある地位から次の地位へと移行していくのであるが、なぜ次から次へと移っていかねばならないのか。それはファン・ヘネップが『通過儀礼』で述べるように、「生きる」という事実そのものだからである〔ジュネップ　一九七七　三〕。

民俗学が研究対象としてきた村落社会における誕生と死の儀礼は、そこに住む人々の生活と暮らしに密着していたが、現在では村落社会の住人は少数派となり、多くが都市社会の住人となっている。都市社会における誕生と死の儀礼は実際にはほとんど行われなくなっており、たとえ行われたとしても業者主導型と言うべきものになっている。その意味からも現在の通過儀礼研究は、現実の地域社会への対応が求められていると言えよう。まずは個別細分化された研究を大きく包括する新たな枠組みを創り出す必要があり、今まで蓄積されてきた膨大な民俗資料群を新しい視角から捉え直すための試みが求められるのである。

このような民俗学の置かれた現状における通過儀礼研究のあるべき姿について、私はフィールドワークの現場で理論を切磋琢磨《せっさたくま》し、新たな研究視角を生み出してゆくべきであると考え、個々の民俗事象が歴史的展開のもとに当該社会の中でどのように位置づけられ、そこに生きる個人が民俗事象をどのように捉え、あるいは考えてきたか、そしてそれらの知識をどのように伝えているかという問題意識のもとに民俗研究を進める必要があると訴えてきた〔板橋　二〇〇八　一二二〕。

本章で取り上げる民俗誌は、その主張に基づいた具体的な事例研究であり、聞き書きの成果を紹介するだけでなく、採集した民俗事象を意味づけたり分析したりする作業を通して、新たな通過儀礼研究のパラダイムを構築することを目指した一つの試論でもある。

1　調査地の概況と伝承資料の年代

本章で取り上げる調査地は群馬県館林《たてばやし》市上三林町《かみみばやしちょう》と下《しも》三林町である。本調査地は館林市の西南部に位置し、東北部で六郷地区に接し、南部は市境を流れる谷田川《やたがわ》を挟んで邑楽《おうら》郡明和《めいわ》町に、西部で邑楽郡千代田町に接している。江戸時代には野辺村、上三林村、下三林村、入ケ谷《いりがや》村の独立した藩政村が、明治二十二年（一八八九）の町村制施行により合併し、各村の一字ずつを取って三野谷村が誕生した。区域は東西約五キロ、南北約四キロで、総面積は五・三九七平方キロである。

三野谷村は、昭和二十九年（一九五四）に館林市へ合併したので、江戸時代の藩政村に戻り、大字であった字名を生かし、昭和六十年（一九八五）に野辺町、上三林町、下三林町、入ヶ谷町となった（入ヶ谷町は戸数が少ないため行政上は下三林町である）。上三林町と下三林町は、元々は一つの村であったが、寛文元年（一六六一）に三林村を東西に分け、西を上三林村、東を下三林村にし、以来二つの村は長く独立した藩政村であるが、隣接しており古くからの村つきあいなどを考慮し、一つのまとまった地域と認定する。

三野谷地区は、台地上にあるために水利の便が悪く、しかも洪水の常習地帯であり、人々は作物が毎年のように被害を受けて困り果てていた。少量の降雨でも水が出るので「カエルが小便しても水が出る」「三林は水場だから」などと語られた。水害に対しては、多くの家が揚《あ》げ舟を常備したり、一メートル以上の土盛りをした水塚《みづか》を建てるなどの対処を講じてきた。現在は、揚げ舟を使用する心配はまったくなく、家の新築に伴って水塚はほとんど見られなくなっている。

下三林に広がる近藤沼《こんどうぬま》は、二八ヘクタールほどの沼であった。鯉、フナ、ナマズ、ウナギ、エビなどの淡水漁に恵まれ、漁業組合が組織されるなど、副業として川漁が盛んで、ジュンサイの産地としても知られていた。近藤沼には、掘《ほり》上《あ》げ田《だ》と呼ばれる独特の低湿地水田農法が伝承されてきた。野辺と上三林の間にある羽沼も掘上げ田であった。掘上げ田は人力で沼底のノロを盛り上げたり、付近の原野をクリーク状に掘削盛り土して造成した。昭和五十年（一九七五）からは基盤整備が実施され、現在のような沼と公園に大変貌を遂げた。上三林は旧三野谷村の中心地で、中央部を東西に走る県道熊谷《くまがや》線に沿って第七小学校、三野谷公民館、三野谷簡易郵便局、ＪＡ三野谷支所など公共建物や商店が立地する。

神社は、上三林に雷電《らいでん》神社、下三林に長良《ながら》神社がそれぞれ鎮座する。雷電神社は、隣の邑楽郡板倉町の雷電神社を勧請《かんじょう》したもので、上三林字雷電に鎮座し、村人からはライデンサマと呼ばれる。そして上三林には落雷がないと伝える。秋祭りには午前に上三林のササラ（獅子舞）が舞い、午後は下三林のササラが舞う決まりであったが、現在は上三林のササラだけが奉仕している。境内には江戸時代、灌漑《かんがい》に貢献した五人の村役人を顕彰《けんしょう》した生祠《せいし》である五社大権現《だいごんげん》、菅原《すがわら》神社などが合祀されている。長良神社は、下三林字下耕地に鎮座し、かつてはササラが舞われたが現在は廃絶している。長良神社は洪水除《よ》けの神で、邑楽郡に広く分布する社である。

寺院は、上三林に雷光寺《らいこうじ》と真観寺《しんかんじ》の二か寺がある。雷光寺は上三林字雷電にあり、真言《しんごん》宗豊山《ぶざん》派で東京都文京区湯島《ゆしま》の金性院末で現在は無住《むじゅう》となっている。真観寺は上三林字台にあり、真言宗豊山派で千眼寺の末寺になっている。真観寺は三林開拓の祖と伝える三林十郎広時が開基《かいき》と伝える。真観寺の檀家は上三林本郷の檀家《だんか》が多い。下三林には現在、寺院はない。下三林集会所は旧観音寺跡である。また、共同墓地に釈迦堂《しゃかどう》が祀《まつ》られる。この釈迦堂は館林市仲町の千眼寺《せんがんじ》（真言宗豊山派）が管理している。

伝承資料に時間軸を取り入れるために、調査にあたって聞き書き対象者として大正末年から昭和初年生まれの人を中心に選んだ。その結果、伝承内容に昭和二十年（一九四五）前後から昭和三十年代の高度経済成長期に入るまでの年代設定ができ、伝統的習俗が色濃く残る時期を絞り込むことができた。本調査地における男性の話者は、大平洋戦争中に召集を受けたか、あるいは受ける直前の世代である。多くの場合、兄や伯父たちが戦争体験者であり、直接の戦争体験者は少なかった。いわゆる銃後《じゅうご》の生活体験者たちである。女性の話者も年齢的には同世代を選んだので、昭和二十年前後に結婚しており、早い人は戦前に出産を経験した世代である。個人史的な聞き書きをするために、この話者の中から数人を選んで調査の趣旨を説明し、快諾《かいだく》してくれた人から個人レベルの人生儀礼をていねいに聞き書きすることにした。聞き書き資料は、語り口を生かして再構成することにより、当該《とうがい》地域の人生儀礼及び慣行の諸相が資料群の羅列に留まることなく、具体性のある内容になったと考える。

本稿では、この地に暮らす七十歳代の話者からの聞き書きで得られた調査資料を基礎にして分析と考察を行うものであるが、改めて分析視点を明示しておきたい。分析視点は「いのち」概念である。「生命」という言葉は、生物学的、医学的な用語で、生命倫理、生命論に象徴されるように、人間のもつ有限な生命の意味で使用されることが多いのに対し、「いのち」という言葉は、人間的、文化的な用語で、目に見えない霊魂の問題を含む広い意味で用いられる〔板橋二〇〇七 二九二~二九四〕。「いのち」は、ある一定の時間と空間の中で人間が営む多様な生き方を含み、霊魂の存在は関係性の中で理解すべき概念である。

2　いのちの民俗と個人

個人への注目

従来の民俗研究は、個人が構成員となる家族や社会の構造・原理を抽出することに主眼がおかれ、そのためのさまざまな類型化や理念的モデルが議論されてきた。しかし、岩本通弥によれば、これらの方法は実際の家族や社会の現実とかけ離れ、家族がどのように生きているのかというリアリティーが感じられず、生活論的視点から民俗を総合的に把握する試みが積極的になされるべきであるという〔岩本　一九九八　五一～五二〕。個人の役割や行為を具体的に記述し、生き生きとした個人の動きが描かれるべきであり、個人の才覚も含め、個人がどのように考え、個人が地域社会の中でどのように生きようとしてきたのかを検討する価値は十分にあると言われる(1)。

民俗学における個人とは、家族研究の延長上にある女性、老人、子ども、という枠をさらに細分化した一人ひとりの構成員を指す。いままで顔を見せることの少なかった個性を持ったリアリティーあふれる個人のことである。話者の意識や価値の問題が明らかにされ、生活実態も具体化してくる。短所として、話者という個人の恣意的な見解も採集することになり、話者個人としての主観的見解と地域社会の多くの人が共有する見解との差異をどのように区分けするか、という問題も生じてくる。また、話者の記憶違いなどの問題も克服していかねばならないことは言うまでもない。
「いのち」に関する民俗学的研究は、ともすれば概念の議論に偏りかねない。地域を限定して聞き書きを実施しても、当該地域における民俗の特色を記述する段になると、最大公約数的な資料の提示と分析に終わってしまうことが少なくない。そこで本稿では、それらの基礎的な聞き書き資料を提供してくれる個人に注目し、事例研究として大正十五年(一九二六)生まれの女性YTさんの聞き書きを分析対象とした。個人からの聞き書きをできるだけ生のまま提示するため、質問者の質問も文字化して載せることにした。これによって民俗調査における第一次資料を正確に提示することが可能になり、個人が人生儀礼とどのように関わり、個人がその儀礼及び慣行をどのように理解し、どのように考えているのかという内面の問題も含めて考察してみたい。

嫁いだころの家族と生活

① 実家のこと

――おいくつですか？

大正十五年(一九二六)二月生まれで、年齢は昭和と一緒なのですごく覚えやすかったのね。女学校を卒業して家にいました。習い事をしていたのです。当時は勤めに出る人はほとんどいませんでしたよ。私は洋裁、和裁、お茶、お花を習いました。お茶の稽古《けいこ》のときは着物を着て自転車で市内材木町にある先生の所へ通うので大変でした。

——ご主人とはお見合いですか。

邑楽町狸塚《むじなづか》から嫁に来たんです。私は夫のことを全然知らなかったんだけれど、夫は農学校へ通いながら私の家の前を毎日通っていたんですって。私はいつも親とばかり歩いていたから、男の人なんて全然考えたことないのね。夫は私のことを知っていたんでしょうけど、私は全然知らなかったんですよね。

見合いみたいなのかな。でも実際には一度も見合いをしてないのよね。会ったのは結婚してからです。三年くらい通われたの。二十一歳のときから仲人《なこうど》さんはよく来ましたよ。一時は来なくなったのですが、二十二歳の十月ころだったかしら、また足繁《あししげ》く来るようになったのね。仲人さんが来るようになって、最後はお父さん、お母さん、義姉さん、新宅のおじさんまで、みんなやってきて、「ぜひ来てくれ」という。私は「百姓できないんだから、農家には行けない」と言ったんですよ。

——実家は農家ではないのですか？

農家なんですけれど、手伝ってなかったのね。私の母は小学校の先生をしていたの。金さん・銀さんと同じくらいの年齢だったみたい。専門学校を出て絣《かすり》の着物で袴《はかま》をはいて教えていたそうです。先生は結婚する前にやめました。母の弟は体が弱くて農家ができなかった。母の実家は大百姓だったのですよ。妹たちはお嫁に行っていたので、母は百姓のできるお婿《むこ》さんをもらってこの家を守ってくれと言われたらしいのね。それで父は婿になってきた。弟は慶應義塾を出て館林の足利《あしかが》銀行に勤めた。学校を出てから母は分家に出してもらったので、私の実家は分家なんですよ。姉妹が四人、弟が一人いた。母は弟が学校を出るまで家を継いで、学校を出てから分家に出たわけですよ。しかし、戦後は農地解放で取られてしまいましたが。

② 婚家の家族構成

——二十三歳で結婚したときの家族構成は？

夫の両親と夫の弟三人が家にいました。結婚して相手が戦死した義理の姉が子どもを連れていました。私が嫁いできたとき、その義姉は役場へ勤めていました。看護婦でした。昭和十九年（一九四四）に赤ちゃんが生まれたのですね、女の子です。

（※次頁「YTさん婚入時の家族構成図（昭和二十三年）」参照）

——義姉のご主人はいつ亡くなったのですか？

昭和十九年に亡くなりました。結婚して半年ですって。満州に行っていたが、南のスマトラ方面に向かう途中、船に乗っていて沈没された。義姉は将校に嫁いだのです、准尉《じゅんい》だったらしい。相手は同じ村のT家でイトコ同士でした。

義姉は看護婦だったので、しばらくして横浜のM医院へ行きました。横浜で看護婦を始めたときは娘をおいていったのです。老人ホームをしていたが当時は珍しかった。初めは老人ホームに勤めていましたが、後にM病院の婦長もやりました。今はその子が横須賀に住んでます。娘は小学校四年まで家で面倒を見ていました。眠くなると私がおんぶをして寝かせたことがあります。だから、私のことを今でも「おかあちゃん」と呼んでいます。毎月のようにこの家に来ますが、

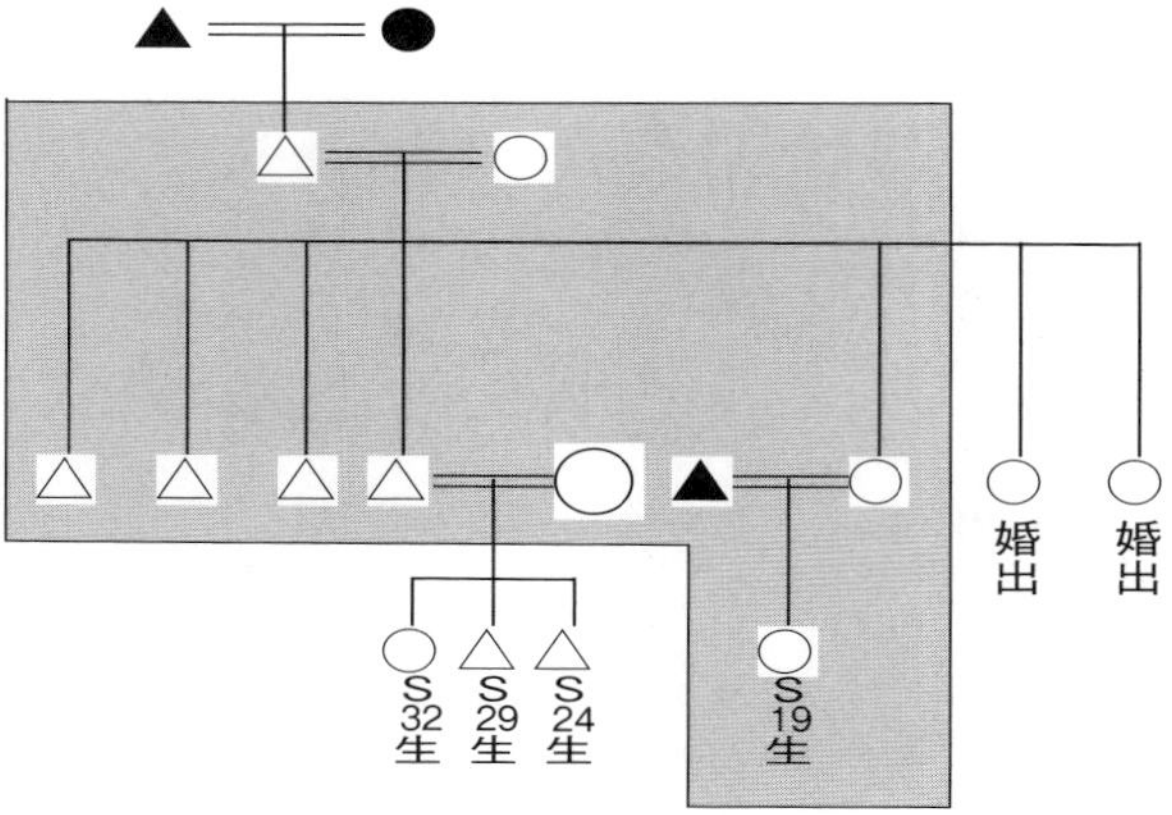

Yさん婚入時の家族構成図（昭和23年）

家に入るときも「こんにちは」ではなく、「ただいま」なんですよ（笑）。

――義姉さんの家では盆をどのようにしているのでしょうか？

義姉は既に亡くなりました。盆になると六十歳を過ぎた娘が、戦死した父の位牌と母の位牌を袱紗《ふくさ》に包んで持ってきて、盆棚《ぼんだな》に一緒に飾って祀ります。だから盆迎えには私たちと一緒に行っていますし、送り出すまで家にいて、送り出してから横須賀へ帰ります。

――お墓は？

墓は松の木堂にあります。[2]

③ 戦争と千人針

――家族で戦争に行かれた人は？

偶然ですが、私の家族には戦争へ行った人はいません。夫は私と結婚する前に召集されて内地にいたくらいです。

――**戦争と言えば、千人針《せんにんばり》がありましたよね。**

私は寅《とら》年生まれなので、学校にいるころはずいぶん縫《ぬ》いましたね。「虎は千里行って千里帰る」と言ってねえ。寅年の女性は自分の歳の数だけ縫えるのですよ。私は大正十五年の早生まれで、戦争が始まったころに女学校にいたので、卒業するまでずいぶん縫わされました。白いサラシと赤い糸で紅白になり縁起がよいのでしょうかね。

――**どんな気持ちでしたか？**

慰問《いもん》袋に手紙を入れました。「お国のために」とか書いて、あのころは「いのち」を大切にというような言葉は使ってはいけなかったのではなかったかしら。親戚に兵隊に行った人がいませんでしたね。皆私と同じくらいですから。

④　身内の死

――**婚家のお父さんお母さんはいつ亡くなったのですか？**

義父は昭和三十四年（一九五九）三月二十六日に亡くなりました。七十三歳でした。義母は昭和四十八年（一九七三）八月二十四日に八十歳で亡くなりました。七月十日に三十三年忌の供養をしました。

――**命日をよく覚えていますね。**

命日には必ず線香を仏壇に上げますから自然に覚えてしまいます。お父さん（義父のこと）は里芋が大好物でした。おばあちゃん（義母のこと）はきんぴらが好きでした。おばあちゃんは二年と二十二日寝たきりでした。脳溢血《のういっけつ》で倒れてしまったのです。牛蒡《ごぼう》のないときに「きんぴらが食べたいよ」と欲しがったので、「おばあちゃん、きんぴらを作りたいけど牛蒡がないのよ」と言いました。昔の人だからきんぴらみたいなものが好きなのでしょうね。

――亡くなるときはどのような様子でしたか？

先生が「もっても明日までくらいだね」と言うので親戚を呼びました。お姉さんが来て「ご飯を食べさせられないよね」と言ったが、ご飯を食べさせることにした。ぺろっと食べてしまい、「もっと食べたい」と言うのですよ。息を引き取るまで食べていましたが、食は達者《たっしゃ》でしたね。ご飯を食べた後、直《す》ぐに亡くなったのです。大往生《だいおうじょう》でしたね。亡くなる一週間前に黒い便《べん》がたくさん出ましたね。生まれるときと同じ便が出るというのです。黒い便はカネベンと呼び、このカネベンが出ると「いのち」も終わりだと言いますね。赤ちゃんが生まれて初めてするうんちもカネベンと言っていました。しかし、看病しているときはそういうことは頭になかったですね。

――義父は何歳で亡くなられたのですか？

七十三歳でしたね。当時とすれば長生きでした。一月十四日から寝込んで三月十六日に亡くなった。

――亡くなる前兆はありましたか？

特になかったですね。お父さん（義父のこと）の死に目にあえた人はいなかったです。

――ご主人はいつ亡くなったのですか？

平成十三年（二〇〇一）二月十七日でした。最初は癌《がん》と言われましたが、手術してみたら癌ではなかったというのですね。癌ではなかったのでみんなが先生の前で万歳をしたんですよ。しかし、その後がなんともよくならないんです。結局膵臓《すいぞう》癌でしたね。膵臓は手術できないんだそうですね。病院に入院したまま亡くなってしまいました。一年三か月、入院していましたね。私は車の運転ができなかったんです。毎日病院へ通いましたが親戚が近所に多く、たいてい誰かが車で送り迎えをしてくれました、本当にありがたかったですね。

——実家のご両親はどのように看取《みと》ったのですか？

実家の父は脳溢血が原因で六十八歳のときにぽっくりと亡くなりました。三野谷の運動会に私が出ていましたら、婦人会の踊りの最中に「用事のある人が来ています」と言われた。それは父が倒れたという知らせでした。

母は、九十七歳まで生きていましたよ。朝起きたら亡くなっていた。そのときは風邪を引いて四、五日休んでいたんですよ。普段は医者にかかったことのない人で、九十五歳で骨折しましたが手術をして歩けるようになった生命力のある人でした。母は長寿でしたので、告別式の引き出物に赤飯《せきはん》と金粉《きんぷん》入りのお茶を付けました。

私は実家の両親、婚家の両親、そして主人の五人を看取りましたが、亡くなるまで世話をしたのは婚家の父と母だけでしたね。

誕生儀礼といのち

① 避妊と鯉の贈答

——子どもさんを何人お産みになったのですか？

私は三人の子どもを産みました。上の二人が男の子で、一番下が女の子でした。

——Yさんの世代は子どもが二、三人というのが多いようですが、一つ前の世代は十人も産む人がいましたよね？

そうですね。十二人も産んだという人が近所にいましたよ。私たちのときは保健婦さんが年二回くらい指導に来て色々説明していましたよ。赤ちゃんがこういうときならできない、こういうときはできるという避妊《ひにん》などを教えていきました。めぐり（月経）の何日前には大丈夫というようなことを教えていました。器具の使い方も教えましたよ。

——初めての子の出産はいつですか？　生まれる前にどのような儀礼がありましたか？

長男は昭和二十四年（一九四九）九月生まれです。妊娠七か月のときに魚屋が鯉《こい》を届けに来てくれました。私の実家にいつも回ってきていましたから、実家で頼んだのですね。赤子が丈夫に育つようにと実家から鯉二匹が届いた。桶《おけ》に入れて持ってきましたよ。その魚屋は市内で今は鰻《うなぎ》屋になっていますね。

——鯉はどうするのですか？

鯉はアライにしたり鯉こくにして食べました。一匹は娘に食べさせ、一匹は家族が食べるようにと、二匹持ってきました。近くに羽沼《はぬま》もあり、男たちは魚捕りは上手でしたし、魚料理は誰でもやりましたよ。家族が多かったから一日で食べてしまったのではなかったかしら。そう言えば、鯉の肝《きも》を飲まされました、苦《にが》いから飲み込めと言われました。

――赤ちゃんは誰に取り上げてもらったのですか？

長男のときは姑が取り上げてくれました。お産婆さんの川島さんがすぐに来てくれなかったので、仕方なく姑が取り上げました。へその緒《お》を切ったのはトリアゲバアサンの清水さんでしたね。二番目からはみな川島さんです。

――赤ちゃんはどのように産んだのですか？

布団を敷き、その上に油紙《あぶらがみ》を敷きました。私は、あおのけ（仰向けのこと）になって産んだ。次男のときは破水《はすい》してしまい、さらに運が悪いことに、へその緒が首に巻き付いていました。出産は長引いたけれど、それほど大変ではなかったですね。私は皆小さく産んでいます。

② へその緒・母乳

――へその緒はどういうものでしょうか？

へその緒は赤ちゃんとつながっており、赤ちゃんはお乳をそこから飲んでいるんでしょうね。母親の栄養がいくわけでしょ、一番大事なものですよね。

――へその緒が巻き付くと、袈裟《けさ》とかいう名を付けると言われていますが。

ああ、そうですか。昔はへその緒が巻いて生まれるとジュズッコ（数珠児）なんて言ってましたね。私たちのころには、「袈裟」に関係した名前を付けた人は村にいませんでしたね。

――へその緒の処理はどうしますか？

へその緒を切ると、夫が屋敷の鎮守様《ちんじゅ》（稲荷様）の所に穴を掘って埋めてしまい、とっておきませんでした。お守りにとっておく家がありますが、私の家では埋めてしまうのですね。ノチノモノはどこへ埋めたか知りません。

――母乳のことを聞かせてください。

私は三人とも母乳で育てました。長男は母乳だけで健康乳幼児に選ばれ、表彰されて館林まで行ってきましたよ。

――初乳《しょにゅう》はどうしましたか？

私のときは初乳を飲ませるとよいといってましたよ。黄色っぽい初乳をくれるとお腹の中の悪い毒を全部出してしまうのでよいと言われていました。

――初乳を捨てたりしませんでしたか？

初乳はよいと聞いていましたよ。産婆さんも初乳を飲ませるように指導していたと記憶してますが。最初は母乳が出過ぎますね。だから余った乳は屋敷の鎮守様に植えてある南天の根元に捨ててましたね。

――母乳はいつまでくれるのですか？

母乳は結構長く飲んでいましたね。私の長男は次の子がすぐ始まらなかったこともあり、二歳ころまで飲んでいましたので、恥ずかしいくらいでしたね。たいていは一年半くらいは飲んでいました。

③ 死産・双生児・丙午

――お産で亡くなる人はいましたか？

そうですね、私がこの村に嫁いでからお産で亡くなる人はいませんでしたね。そう言えば、今二十歳を過ぎた女性の母親が出産で亡くなりました。産婦が亡くなったとき、その姑は五十歳を過ぎていたでしょうかね。よそに養子にやったほうがよいと言われましたが、自分で育てるというので孫を人工乳で育てましたね。その子はとてもよい娘になりました。

――お産で亡くなった産婦の腹を割《さ》いて赤子を出す話を聞いたことがありますか？

そうなんですか、そういう話は聞いたことありませんね。

――死産というのはありましたか？

私たちのころは、この村では死産は少なかったですね。偶然でしょうか、私の娘の子は胎盤剥《たいばんはく》離《り》という病気で九か月のときに亡くなってしまいました。大きな病院でなかったら母子ともに亡くなっていたかも知れませんね。亡くなってからお坊さんが水子供養《みずこくよう》の墓地に埋めますかと聞いたが、娘たちはうちの子なのだからと、家の墓に埋葬しましたよ。不思議なもので次男の子も亡くなってしまったの。難産で産まれながら亡くなってしまいました。二つあることは三つあるというので、私は長男の嫁が出産するときは大変心配しましたよ。

――双子はどうでしょうか？

私の姪は双子の男の子を産みました。身内で双子は初めてでしたね。

——この村には双子がいましたか？

いませんでしたね。親戚に新田郡尾島町《おじま》（現太田市）から嫁に来た人がいますが、その人は双子だそうです。今でも兄妹はたいへん仲良しだといいます。

——双子はよいのでしたか？

時代劇の映画で殿様に双子が生まれて、どちらかを腰元《こしもと》が預かって育てたなんていう話がありましたよね。

——丙午《ひのえうま》をご存知でしょうか？

丙午生まれの人は旦那《だんな》を喰い殺す、などと言われています。知っているのはそのくらいですね。

——赤ちゃんが産まれると、実家の母はどうするのですか？

赤ちゃんが生まれたという連絡がいくと、実家の母は米を持って、お七夜《しちや》までの一週間、嫁の嫁ぎ先に来てくれました。泊まり込みで来たのですね。途中、一日は帰りましたが、帰ってすぐに来るのですよ。母はオムツ洗いやご飯炊きをしたりで大変だったと思います。嫁がやっていたことをみんなしなければならない。本当に嫁の代わりをするために来たという感じでしたね。

——どこの家もそうなのですか？

はい、この辺ではどこの家もそうしていましたね。

——十九夜様《じゅうくやさま》(3)で念仏を唱えるおばあさんが腹帯《はらおび》を巻くとき、念仏を申しにやって来ることがありましたか？

ありませんでしたね。十九夜堂は毎月十九日にお祭りしているので、こちらから腹帯を受けに行くんですよ。私は夫と一緒に行って白いタスキをもらってきました。最初は男の子が欲しいから白でしたよね。アトトリ（跡取り）は長男と決まっていましたからね。

――子どもができて（妊娠して）からもらいに行くのですか？

そうですよ。妊娠してからもらいに行くのです。五か月の腹帯のころにもらいに行きましたよ。

死の儀礼といのち

① 五十五の団子・長寿銭

――このあたりは五十五《ごじゅうご》の団子《だんご》の習慣がありますよね？

はい。私はやらなかったけど、おばあちゃんたちには作ってあげましたね。お祝いしてやりましたよ。私がお嫁に来たころは、一合の米の粉で五十五個の団子を作るの。私たちの時代にはあまりやりませんでしたね。八十八歳まで生きたら息子たちがお祝いしてくれるからと言っていますが。

――長寿銭《ちょうじゅせん》を知っていますか？[4]

長生きすると、そういうのを出すところがあるんですってね。私は長寿銭というのは知らなかったですね。この辺は長生きをするといっても八十代ですよ、九十過ぎまで生きる人はいなかったみたい。私の母は九十七歳で亡くなったが、お祝いだというので赤飯《せきはん》を炊いて出しましたよ。

――長生きというのは何歳くらいですか？

そうですね、私が嫁いだ昭和二十年代には長生きと言えば七十過ぎかしら。今は八十歳を過ぎないと長生きとは言いませんね。

② いのちの認識

――死亡通知は二人で行きますよね？

はい、シラセと言いましたね。親戚の所へ自転車で行ったものです。亡くなると隣組長の家に寄って、誰がどこの親戚へ行くかを決めて手分けで行きましたよ。来られた家では少しお金を出したようです。

――「いのち」はいつ始まると考えますか？

「いのち」は生まれて死ぬまでの生きている間と言うことでしょうか。おぎゃーと生まれたときが「いのち」の始まりかな。それとも妊娠したときが「いのち」の始まりかしら。その人の人生には幸不幸がある。「いのち」があるから生きている。死んだ人には「いのち」は無いですよね。仏には魂があるんでしょうね。

――赤ちゃんの誕生を自覚するのはいつですか？

めぐり（月経）がなくなって初めて分かるくらいでしたね。私はつわりが本当に軽かった。

――死ぬ間際にどのようなことをしますか？

これでダメかなというときに、大きな声でその人の名を呼ぶと生き返るときがある。だから亡くなるときにはなるべく大きな声で呼ぶという。三途《さんず》の川を渡るときに後ろから大きな声がするといいますね。

民俗事象と個人の関わり

以上見てきたように、本稿は上三林に住む一人の女性に、彼女を中心とした人生儀礼を語ってもらい、「いのち」に関する民俗学研究の視点から再構成したものである。資料整理の途中で、質問と語りの間に存在したあうんの呼吸と言うべき重要な内容が、記述上では漏れてしまう事実に気が付いた。

たとえば昭和三十年代の出産と昭和十年代の出産を比較した場合、一人の女性が一生の間に産む赤子の数は著しく異なっている。その理由を尋ねたところ、「保健婦の指導があった」と語ったので、さらに質問を続けると「そういうことは今も変わらないのでは……」とお茶を濁《にご》され、保健婦が具体的にどのような話をしたか、また具体的な避妊方法も詳細は聞き出せなかった。しかし、それでも個人の出産行動に国家医療体制の最前線にいる保健婦の避妊指導が大きな影響を与えた事実は推測可能である。

個人に注目した結果、思考や近代日本における「家」についても、ある程度はリアリティーある記述が可能になったと考える。太平洋戦争が落とした傷跡はこの家にも残っていた。義姉の夫が戦死して、義姉は看護職の技術を生かして働くために、足手まといになる幼い娘を実家に残して横浜へ出た。嫁入りしてまもなく父無《ちちな》し子《ご》の養育を代行し、嫁としてだけでなく母としても活躍せねばならない様子が語られる。実母よりも嫁いだばかりの嫁になついた娘は、六十歳を過ぎた現在でも「おかあちゃん」という呼称に端的に表れているように、本物の母親と認識しているのである。盆迎えのあり方にもそのことが如実に表れている。

また、死ぬ前に黒い便が出たときは、「いのち」が長くないと感じたというが、それはやはり体験及び伝承による知識として理解したものである。私が誕生における胎便《たいべん》について質問する中で、話者自身が初めて民俗事象における生と死の類似に気が付いたのである。質問という誘い水がなければ、話者自身は気が付かずに終わったかも知れない。もちろん話者は知識としては、生と死の両場面で黒い便が出ることを知っているのである。

「いのち」のつながりというテーマで聞き書きをしていくと、ごく自然にへその緒の話が話題になる。へその緒は母胎《ぼたい》と胎児がつながり、栄養をそこから伝えるパイプの役目を持った視覚的にも分かりやすい装置である。しかし、誕生後のへその緒に対する扱いは、「いのち」をつなぐ最も大事なものであったにしては扱いが粗末に思われる。

死んだ先祖の霊は、子どもたちによって供養される。そして、子孫が供養するためには家の永続が図られねばならない。死後に祖霊として祀られることが幸福であるという思想が、日本人の先祖観あるいは人生観を形成してきた。そのために祖霊と子孫の関係が繰り返し確認されてきたのである。年中行事においては、盆の先祖迎えや彼岸の墓参りのように毎年反復されている。

盆行事は、先祖観を考察する上で重要な行事である。まず第一に、盆迎えに興味深い事例が見られる。YTさんによると、盆迎えは共同墓地へ行き、石塔《せきとう》に背中を向け、「お迎えに来ました。ご先祖様、どうぞおんぶしてください」と語りかけ、迎えに行った者全員が背負う真似をした。

このしぐさは墓地の場所だけで、家に向かう道では普通に歩くという。そして家に到着すると縁側から上がり、盆棚の前で「さあ、家に着きましたよ」「どうぞお上がりください」などと言いながらご先祖様を下ろす真似をする。盆迎えに行く対象はあくまでも「ご先祖様」である。

第二に、本調査地を含む館林市全域とその周辺にあたる邑楽郡地方に顕著な盆行事の一つに仏の野回りと呼ばれる慣行があった。盆中の八月十五日朝、主人が先祖様に農作物の出来具合を見てもらうために自分の家の畑や水田を見せて歩いた。家によっては畑から大豆や稲をとってきた。第三に、盆送りのときにナスやキュウリで馬をこしらえるが、先祖様はこの馬に乗って帰るという。

本稿では、婚入によって新たに家族の一員になって子どもを産み育て、婚家になじみ、まさに「家」を守ってきた女性に注目し、基礎的な資料収集とその分析に努めた。個人史の聞き書き対象としたYTさんは、婚家に嫁いでまもなく妊娠し、十九夜様に白いオケサ(話者はタスキと呼んでいた)を借りに行っている。聞き書きでは「私は夫と一緒に行って白いタスキをもらってきました。最初は男の子が欲しいから白でしたよね。アトトリ(跡取り)は長男と決まっていましたからね。」と語るように、最初から何のためらいもなく家の相続者は男子と決めているのである。結果として男子が出生したので安心したという。続けて女子を産んだある話者が「肩身が狭かった」と語るのに比べると、まずは一安心という気持ちが強かったようである。このように地域社会に生きる個人の人生は、儀礼的側面から見れば平凡そのものであるが、個別具体的な聞き書きを進めれば、そこには現代社会の縮図を見るごとくリアリティーあふれる人生体験が語られるのである。

3　いのちの認識

いのちの自覚

「いのち」を自覚していくのは、めぐり（月経）が無くなり初めて妊娠したと気づいたころからである。妊娠することを「子どもが始まる」といい、妊娠すると、夫には「できたみたいよ」などと知らせ、夫に知らせた後に姑へ知らせる。「子どもがあるんだけど……」と言うと、姑から「どのくらい？」と聞かれた。このように妊娠を知らせるのは夫と母親であった。妊娠したかどうかの確認がとれるまでに約三か月はかかった。また、昔は「三年子無しは去る」と言われ、赤子が産まれないと離縁《りえん》されることがあったので、妊娠すると「ここに居られるんだ」と安心したものである。子どもができないと「孫はまだか、孫はまだか」と姑たちに言われたので、子どもができると辛抱する気持ちが湧いてきたという。

妊娠するとご飯が食べられなくなる人が多い。お腹がすくと胸が悪くなったり、つわりが大変である。煮物の臭いが嫌になったり、味噌の臭いが嫌だったという人もいた。人によっては、ご飯の釜蓋を取るときに炊きあがった湯気で気持ちが悪くなったという。上三林本郷のＮＫさんは、好物のカレーを作って、いざ食べようという段になって急に気持ちが悪くなり寝込んでしまった。翌日、近所の奥さんが妊娠ではないかと心配してくれ、医者のところへ行ったところ妊娠三か月であったという。彼女が井戸端で浮かない顔をしていたところ、近所のおばあさんたちが「妊娠は病気ではないよ、私なんか生まれる直前まで田んぼで働いていた」と体験談を話してくれたので大変元気づけられた、と語る。

妊婦と力鯉

妊婦は食事制限が厳重になされ、現代からみると根拠のない食べ合わせを始め、迷信としか思えないようなことも真実味を帯びて守られていた。たとえば、柿を食べると冷えるので乳が出なくなる、天ぷらはよくない、といった。また、ほおずきの根を洗ってつぶして煎じ、乳がよく出るようにと乳首につけたりもした。逆にカボチャをつけると乳が出なくなるといった。産婦にはフナ、ナマズ、雑魚《ざこ》がよいというのでよく食べさせられた。なお、ウサギの肉を食べると三《み》つ口《くち》の子ができると忌《い》まれた。

妊娠七か月の子は「投げても育つ」といい、八か月の子は育たないといった。それで妊娠七か月目に鯉を食べる習慣があった。鯉は栄養があり丈夫な子が生まれるようにと贈答に使われた。妊娠七か月目になると嫁の実家から鯉二匹が贈られるが、この贈られた鯉をチカラゴイ（力鯉）と呼んだ。出産前に鯉を食べると威勢よく産めるといい、鯉の肝は緑色のビー玉状のもので妊婦は飲み込んだ。下三林の川魚料理店には鯉を買い求める人が藁《わら》つとに包んで持ち帰ったものだという。下三林のＩＫさんは、栃木県安蘇《あそ》郡田沼《たぬま》町出身で、生まれ育った郷里には鯉の贈答習慣がなかったので、妊娠したときに姑が鯉を買ってきてくれた。

産婦のことをサンピト（産人）と呼ぶ。産んだあとすぐにお吸い物として干瓢《かんぴょう》の卵とじを作ってくれた。出産後はお粥《かゆ》を梅干しや鯛味噌《たいみそ》、鰹節《かつおぶし》で食べた。実家から味噌・鰹節・米一俵が届けられた。産んですぐに辛いものを食べると乳が出なくなる、出産後は生ものはよくない、産後は柿や天ぷらはよくない、と言われていた。

十九夜信仰といのちの実感

上三林の根津屋《ねつや》コーチでは、地域の女性たちが十九夜様《じゅうくやさま》を祀《まつ》る。現在は毎月十九日午後六時から八時ころまで、当番の女性二人が十九夜堂に詰めて参拝者に応対している。十九夜観音を祀る行事を十九夜講《こう》ともいい、当日は念仏が申される。日常のあわただしい生活から解放され、子育ての悩みを語ったり世間話に花を咲かせたりする交流の場であった。十九夜様を祀ると安産のご利益があるため、大勢の妊婦がお参りに来た。男の子が欲しいときは白のオケサ（御袈裟）、女の子が欲しいときは赤のオケサを借りていった。オケサは観音様に掛ける袈裟のことである。しかし、オケサと呼ぶのは根津屋コーチの大正生まれの人だけで、現在ではオビ（帯）またはタスキと呼んでいる。帯と呼ぶのは、この紐《ひも》を妊娠五か月目の戌《いぬ》の日にサラシを巻いた上から巻くからであり、タスキという呼び名は、如意輪観音《にょいりんかんのん》（石像）に掛けるところから呼ぶようになったと考えられる。

このオケサは、妊娠したことが分かってから借りに行くものであった。妊娠前には行かなかったが、近年は十九夜様を信仰すると、男女の産み分けが当たるという噂を聞いて妊娠前にお参りに来る若い人が目立つ。調査時に当番を勤めていたKHさん（昭和二十四年生まれ）は、長女、次女、長男と、三人の子どもがいるが、二人続いて女の子であったので、毎回白のオケサを借りに来ていた姑《しゅうとめ》はがっかりしたという。三人目を妊娠したとき、彼女は自分で白のオケサを借りに来て男の子が産まれたので舅《しゅうと》と姑が大喜びしたのがうれしかったと語る。

また、この十九夜様に供えたロウソクを出産時に灯《とも》し、そのロウソクが燃え切るまでに赤子が産まれることを祈願する習慣があった。そして無事に赤子が誕生すると受けていった色のオケサを倍にして返した。そのために堂内の如意輪観音石像にはたくさんのオケサが掛けられてきた。このオケサに男女の産み分けの願いを込める。妊婦やその家族が希望する性別のオケサを借り、腹帯《はらおび》と一緒にお腹に巻くとご利益があると信じられてきたのである。第二次世界大戦中の「産めよ殖《ふ》やせよ」を合言葉にした時代には、お堂の前に露店が出るほど十九夜様は大いに盛った。近年は少子化の影響もあり、お参りにやってくる人は少なくなったが、根強い信仰を得ている。

お腹が前に突き出ると男の子、横にお腹が出ると女の子が生まれるといった。下三林のHHさん（大正十四年生まれ）は、三人続けて女の子を産んだが、「家を継ぐ男の子がどうしても欲しかったので四人目を産んだ」と語る。下三林のKKさん（大正九年生まれ）は、三人の子どもを産んだが、二番目まではいずれも女の子で、「また女か、男が生まれなけりゃ跡継ぎができない」と姑から言われた。十九夜様から白のオケサを借りてきたが、なかなか男の子が生まれなかった。三人目の出産は、産婆の第一声が「男の子ですよ」であり、その声を聞いて姑たちが大喜びしたのを覚えているという。

妊婦が「いのち」を実感するのは、妊娠五か月目の戌の日に腹帯を巻くときである。犬はお産が軽いのでそれにあやかるという。サラシは自分で購入しておき、巻き方は産婆が教えてくれた。腹帯は身体が冷えないように、お腹が大きくならないように、ときつく締めた。いずれにしても、お腹があまり目立たないようにしたものだという。

4 いのちの選択

双生児と丙午俗信の伝承

人々は、生まれてくる「いのち」をどのように選択していたのか。貰《もら》い子《ご》習俗は、近代日本の家制度を考える上で重要な民俗慣行である。結婚して十年近く経っても子どもが生まれないと養子をもらうことが多かった。すると、直《じき》に妊娠して子どもを授かることがある。上三林本郷では、そのようにして生まれた子は「焼きもちっ子」などと言われた。下三林ではイジッコと呼び、イジッコができると養子縁組みを解消することもあったという。また、昭和十年代ころまでは多産であったので、嫁と姑が同時期に妊娠することも稀ではなかった。嫁と姑が同じ家で一緒に妊娠することを「あいばらみ」といい、よくないと言われた。

双生児が生まれると、松竹梅など縁起のよい名を付けるものであるという。平成に入って、IWさんの姪は三つ子を生んだ。なかなか子が授からなかったので排卵誘発剤を使用して妊娠した。上三林新田の大曽根コーチにも戦前に男女の双生児を生んだ人がいた。

下三林のIKさんの母のキョウダイに双生児の男の子がいたが、小学校入学前に二人とも亡くなった。そのためにIKさんが妊娠したとき、彼女の母は双生児ができないかどうかを大変心配したという。身内に双生児がいると、双生児が生まれやすいと考えられたのである。そして実際に三女は双生児（男の子と女の子）を産んだ。昔は女の子二人の双生児は勝ち負けがあるといい、里子《さとご》に出すこともあった。また、男の子と女の子の双生児は心中の生まれ変わりと言われた。この伝承は産婆が教えてくれたという。なお、話者の多くが双生児は遺伝することを経験知として理解しており、現代社会における双生児の誕生は、過去の俗信と関係なく明るい印象として受け入れられていた。

丙午《ひのえうま》は六十年に一度の干支で、丙午の女性は男性を食べてしまうといい、丙午年生まれの女性は縁づくのが遅かった。昔は仲人を立てたので、特に丙午などの干支《えと》を気にしたものであった。男性の丙午年は何ら問題にはならなかった。上三林本郷のIWさんは、昭和五年（一九三〇）生まれの午年なので、嫁入り前の縁談話で「丙午ですか」と聞かれることが何度かあった。「普通の午年《うま》です」と答えると、「丙午でなくてよかったですね」と言われたという。昭和四十一年（一九六六）の丙午のことはあまり聞かなかった。本調査地における聞き書き対象者は、大正末年から昭和初年生まれの女性で、彼女らの出産はおおむね昭和二十年代である。直接自分に関わる問題でなかったこともあり、昭和四十一年の丙午俗信に関する記憶は比較的希薄である。

人としての認知

母親と赤子がお産で亡くなると、二人が死んだことになり、二つあることは三つあるというので、それを防ぐためにあらかじめ人形を作って棺《ひつぎ》の中に入れてしまう。また、産み月になって死産で生まれた赤子の場合には「人になる」といって戒名《かいみょう》を付け、位牌を作って簡素な葬式をした。このように死産の場合でも、妊娠九か月を過ぎていれば人として認知していたことが分かる。

「お産は棺桶《かんおけ》に片足入れているのと同じ」という伝承はあるが、出産で亡くなる人は年々減少し現代は限りなくゼロに近い。出産で亡くなった人の話題が出たときに、調査の過程で流《なが》れ灌頂《かんじょう》に関する質問をしてみた。すると、上三林本郷のＩＷさん（昭和五年生まれ）は子どものころ、小川に布があったのを見かけた体験談を話し始めた。「何であんなことをするの？」と母親に尋ねたところ、母親は「お産をしたときに亡くなったのでやるんだ」と教えてくれたという。その飾りがどのようなものであったかはまったく覚えていないし、流れ灌頂の名も知らなかった。そこに同席していたＡＨさん（大正十四年生まれ）が、出身地の市内北部の上早川田《かみさがわだ》では、それを「ナガレカンジョウ（流れ灌頂）」と呼んでいたことを記憶していた。かろうじて記憶している状況であった。産死者の供養としての流れ灌頂の伝承は、恐らくこの話者たちの語りをもって最後の機会になるであろう。

産死者のお腹を割《さ》いて赤子を取り出す「身二《みふた》つ」慣行は、調査においては採集できなかった。質問に際し、身二つの具体例を説明すると、お腹を割く行為に対して話者たちは一様に「かわいそうだ」と感想を述べた。隣接する邑楽郡板倉町に伝承されていたことを述べても、誰一人として記憶がなかった。「身二つ」慣行は、本調査地においては伝承がなかったかまたは既に伝承が消滅したと推察される。ただし、次のような土中誕生譚《どちゅうたんじょうたん》の断片を聞くことができた。上三林本郷のAHさんは「昔、妊娠していた人が亡くなってしまったんで、墓地に埋めたんだそうだね。そうしたら赤子の泣き声がするんで掘り出したところ、赤子は生きていたっていうんだね。その後は難なく育った」と語る。

5 いのちの保護

出産の場と方法

群馬県では初子《はつご》は実家で産むことが多い。しかし館林市とその周辺では、婚家《こんけ》で出産する慣行であった。下三林のKSさんは、市西部の多々良から嫁に来たが、長女は婚家で産んだという。そのために初子のときは実家の母が婚家に来て一週間ほど泊まり、オシチヤ（お七夜）まで手伝っていった。また、下三林のSHさん（大正十一年生まれ）の場合、実家は隣接する旧六郷村の堀工だったので、母は歩いて婚家に来て、長男のときは泊まりがけで七日間は世話をしてくれ、次男と長女のときは通いで七日間来てくれたという。サンピト（産人＝産婦）は病人と違い便所に一人で行けたので、実家の母は肌着を洗うなどの洗濯をした。産湯も産婆（本稿で使用する「産婆」は、資格を有する近代産婆を指している。昭和二十三年からは「助産婦」と名称変更する人である。）が七日間は来てくれたので、母は湯沸《ゆわ》かしなどの手伝いをしていた。

戦前の出産はすわって産んだが、障子の桟《さん》が見えなくなるまでに赤子は産まれるという。ネドコで産んだころは産婆が来てくれた。妊娠すると母子手帳をもらうため産婆を頼んだ。産まれそうになったときに、舅や夫が自転車で産婆の家まで迎えに行ってくれた。赤子は満潮に産まれるという。

下三林のSHさんは、長男、次男、長女の三人を産んだ。長男（昭和二十三年生まれ）のときは朝起きた時点で産気《さんけ》づいたので、夫に自転車で産婆の川島かつを呼びに行ってもらった。川島かつは自転車でやってきた。昼ごろ産まれたが、初産《ういざん》にしては半日ほどで産まれたので早いほうだと言われた。次男（昭和二十四年生まれ）のときは、夜明けに急に産気づいたのですぐに準備をし、夫が産婆を迎えに行っている間に一人で産んでしまった。自分でネドコロと呼ばれる奥の座敷に、捨てても構わないぼろ布団を敷き、その上に油紙を敷いて、さらにその上にあり合わせの布を敷いた。油紙は犬印《いぬじるし》のもので、館林市街地に店を構える薬局からあらかじめ買っておいた。赤子は産みっぱなしにしておき、遅れてやってきた産婆にへその緒を切ってもらった。初子は仰向けで産んだが、次男のときは自然と腹這《はらば》いになって産んだ。そして三人目の長女（昭和二十七年生まれ）のときも自分一人で産んでしまったという。

ノチノモノ（後の物＝胞衣《えな》）は産婆が片付けてくれた。へその緒は半紙に包んでタンスに保存しておいたが、特に使い道はなかった。へその緒が巻き付いて産まれてくる赤子もあり、そのときは産婆がほどいてやった。取らないと首に巻き付いて死んでしまう。

出産時に、夫は家の中にいるものではないといい、間違って産婦のいる部屋に入ると、「男は産室に入るものじゃない」と叱《しか》られた。これは産婦が穢《けが》れているからだといい、一週間は部屋の中に入れなかった。それで出産のときには夫が留守のほうがよいといわれ、産まれる直前であっても夫は「ちょっと田んぼへ行ってくる」という状態であった。そのような時代に、上三林新田のISさん（大正十二年生まれ）の夫が出産のときに枕元にいたので、産婆の川島かつは驚いていたという。また、会社員に嫁いだ下三林のIKさん（大正十四年生まれ）は、出産のときには産婆のところへ連絡に行ったりしてもらうために夫に会社を休んでもらった、というように民俗に変化の兆しが見られる。

トリアゲバアサンから産婆へ

昔の出産は、取り上げが上手な近所のおばあさんを頼むのが一般的であり、その人をトリアゲバアサンと呼んでいた。現在、トリアゲバアサンに取り上げてもらった経験を有する女性はほとんどいない。ITさん（大正十四年生まれ）は、上三林本郷で生まれ、本家から分家へ嫁に来た。彼女が子どものころ、近所で赤子が生まれたというので見に行くと、トリアゲバアサンがタライで赤子を浴びせており、しばらく見ていると、トリアゲバアサンは口に含んだ塩水を赤子の顔に向かって吹いていた。このトリアゲバアサンはへその緒にも吹いた。こうすると、目がしょぼしょぼせずにぱっちりすると言っていた。これを一週間は続けた。トリアゲバアサンは湯浴びせに来てくれ、七日目にお礼として包み銭を出した。重箱に赤飯を詰めてお祝いをした。

上三林新田のYTさんは、昭和二十四年（一九四九）九月に初子《はつご》を出産した。家族が産婆の川島かつを頼みに行ったところ、その産婆は「初子はすぐに産まれるものではない」と言って、既に生まれた赤子の湯浴びせに出かけてしまった。ところが、赤子が急に産まれそうになってしまったので急きょ姑が助産した。たまたま近所に住んでいたトリアゲバアサン（STの祖母で当時九十歳近い）に来てもらって、へその緒を切ってもらった。このときは姑がお腹をさすってくれ、生卵を二つ飲ませてくれた。生まれたばかりの赤子を布で包んでくれたのは姑であった。出産後まもなく産婆が到着したので、産婆に湯浴びせをしてもらった。

下三林では、オテイさんと呼ばれたおばあさんが取り上げ上手であった。この人は懇意な家でなければ行かなかったが、戦争中は産婆がいなかったので大活躍をした。KKさん（大正九年生まれ）は、昭和十九年（一九四四）七月に長女を出産したときは、オテイさんに取り上げてもらった。次女は昭和二十一年（一九四六）六月生まれで、このときは産婆の川島かつを頼んだ。

昭和二十年代は医者の世話で産む人はいなかった。多くは産婆が取り上げた。上三林には川島かつ、下三林には樽見キヌが産婆として活躍していた。二人とも免許のある産婆であり、地元では敬称を付けて「お産婆さん」と呼んでいた。川島かつのほうが年齢が上で先輩である。樽見キヌは他地区からやってきて下三林で開業した人である。

下三林のＩＫさんの場合、昭和二十三年（一九四八）に嫁ぎ、昭和二十四年の初産は婚家で出産した。このときは産婆の川島かつが来てくれた。昭和二十六年の次女の出産のときも来てくれた。しかし、三女を出産した昭和二十八年には産婆の樽見キヌを頼んだ。そして一時期は仕事の関係で市外に出たので、四番目の長男は埼玉県越谷市で出産した。また、ＯＨさん（大正十四年生まれ）の場合、四人の子どもはすべて川島かつに取り上げてもらった。産婆のところには一か月に一回くらいは診てもらいに行った。産婆に頼むのはお七夜《しちや》までである。

川島かつと樽見キヌの二人の産婆に赤子を取り上げてもらったＩＫさんの記憶によると、川島かつはアガリハナに腰掛けてタバコを吸いながら、「まだまだだよ」などと言いながら自力で産ませようとするベテラン産婆の印象が強かったという。一方、樽見キヌはよそから来た人で、産婦のそばにずっと付き添い、洗濯物も洗ってくれた。樽見産婆は川島産婆よりも若かったので同世代の産婦たちには親近感があったようである。

いのちのつながり　―へその緒と母乳―

民俗調査で、へその緒について質問すると、話者は一様に「へその緒は親と赤子がつながっているものだから一番大事なものだよ」「つながっているから生きているんだ、切れてしまえば生きていない」といった類の語りをする。話者は出産体験から実感をもって語るのである。

上三林本郷のＩＷさんは、「へその緒は切れてしまえば生きていないんだから」と語りながら、次のような胎児死亡の話を語ってくれた。田植え時期に馬の鼻取《はなど》りをしていた臨月《りんげつ》間近の嫁が、激しい労働で無理をしたところ、へその緒が切れてしまったらしい。数日したら臭いオリモノがあるというので医者に来てもらったところ、既に胎児は死亡しており、母体も危険になってきたので、帝王切開《ていおうせっかい》をしてようやく胎児を取り出した。しかし、あまりに無理して取り出したために、その嫁は下半身が不自由になってしまったという。

上三林本郷のＡＨさんは、へその緒は半紙に包んで糸で結《ゆ》わえてタンスの中に入れておいた。下三林のＳＨさんの場合、へその緒は産婆が切ってくれ、屋敷の丑寅《うしとら》の方角（北東）にある竹藪《たけやぶ》に穴を掘り、夫がノチノモノと一緒にそこへ埋め、産湯《うぶゆ》を浴びた湯と洗濯の水なども二一日間はそこへ捨てた。下三林のＫＫさんは、へその緒を油紙に挟んで保存しておいた。下三林のＩＫさんの場合は、産婆がへその緒を紙に包んで渡してくれたので保存しておき、娘が嫁《とつ》ぐときに持たせてやった。四番目の子は埼玉県越谷市で産んだが、産婆はていねいに桐箱へ入れて渡してくれた。埼玉のほうは、へその緒の処理がていねいだと思った。

上三林本郷のＩＷさんによれば、初乳《しょにゅう》を飲ませると風邪を引かないという。余った乳は南天の根元に捨てた。南天は難を転じる、難を除けるという。昔の赤子は生後一年以上経ってもおっぱい（母乳）を飲んでいた。話者世代の子どもは昭和二十年代生まれであるが、その時代の子どもはいつまでも母乳を飲んでいた。たいていは次の子を妊娠するまで飲んでいたので、三年近くも母乳を飲む子もいた。なお、乳が出ない人は、貰い乳をしたり、母乳の代用品として米を洗って冷やしたのをすり鉢《ばち》ですったのをよく煮たスリエを赤子に与えたが、戦後はミルクが出回ったので、それを飲ませることができた。

下三林のＩＫさんは、赤子に母乳を与えてもひもじそうにしていたので「後ができた（次の子を妊娠した）」と分かったという。「次が始まる」状態になると、母乳は細くなってしまうらしい。赤子が股のぞきのしぐさをすると次の子ができるといわれ、また赤子の足首あたりが二段にふっくらとくびれていると、次は男の子が生まれるといわれた。

6　生命力の強化

お七夜　―魔除けと命名―

赤子が産まれるとすぐに実家からチカラゴメ（力米）と鰹節《かつおぶし》が贈られてきた。産婦は一週間は鰹節味噌を食べるものとされていた。赤子が産まれると、お産見舞いとして嫁の実家から産着《うぶぎ》、シチヤギモン（七夜着物）、お宮参りの着物などが贈られるが、これらはお七夜に持って行った。赤子が産まれると近所の人がお産見舞いにやってくる。生後七日目をオシチヤ（お七夜）といい、産婆を招待し赤飯《せきはん》を食べてもらった。この日に名前を付け、名前を書いた半紙を神棚に貼っておいた。出産後七日も過ぎると嫁は炊事番をしたので、あまりケガレ云々は言わなかったという。

嫁の実家では、麻の葉模様の着物のほかに袷《あわせ》の着物と綿入れの着物をお七夜の前日に持ってきた。男の子は青色の麻の葉、女の子は赤色の麻の葉で、いずれも白地の模様である。ただし、あらかじめ早めに作るときは黄色の糸を用いた。黄色の麻の葉は男女兼用という考えがあった。麻の葉は魔除けの模様だという。

産着は嫁の実家で作るが、生まれた赤子の性別を確認してから仕立て、オビヤの前日までに届けた。裾模様の着物であった。産着は二一日目のオビヤに実家から贈られた。襟下《えりもと》にはくれ方（＝嫁の実家）の家紋を付けた。なお、生まれた時点では麻の葉の着物を実家が用意してくれた。昭和二十年代以降は呉服《ごふく》屋が仕立ててくれ、男の子の場合は地色が青で、付け紐のところに麻の葉の模様がついていた。女の子は赤色であった。冬は元禄《げんろく》の筒袖《つつそで》、春は袷、夏は一重《ひとえ》であった。

上三林新田のＫＪさん（昭和十一年生まれ）は、子どもの名前を太田市金山《かなやま》の呑龍様《どんりゅうさま》で五つほど名前を書いてもらい、親戚や近所の人に聞いて決めたという。僧侶が名付け親である場合や親戚の名付け上手に付けてもらう例や祖父母の名をもらう例もある。戦前は働き者で出世した人がいると、その人の一字をもらって付けることが流行った。上三林新田の遜《ゆずる》さんは、生まれたときに身体が弱かったので悪いことは皆譲ってしまえという意味から「ゆずる」と付けられたという。太田市の呑龍様に名をもらった子を「呑龍っ子」といい、初誕生にはお礼参りに行った。留吉、末吉のように「留」「末」の字を使うと妊娠が止まるという。締蔵はもう生まれないように締めるという意味で付けられた。しかし、次に女の子が生まれてスエと名付けられた。へその緒が巻き付いてきた赤子には「袈裟」の字を付けることになっていた。

上三林本郷のＩＷさんは、戸籍上の名は「きく子」である。嫁に来た晩に「キクエ」と呼ばれるようになった。キクエは呼び名であるが、何十年も使ってきたので正式な戸籍名を書くと地元でも多くの人が驚くという。下三林のＩＫさんの夫の祖父辰蔵は、呼び名が林蔵であった。本名は親の名をもらったが、親子が同じでは不便だというので呼び名を変えたという。なお、男の子でも女の子のような名を付ける例が大昔にはあったらしいと聞いたが、詳細は不明である。

オビヤ儀礼とケガレ観

産婦が出産後に初めて外出する機会をオビヤという。このオビヤには、嫁は実家へ行って休めたので嫁は気晴らしになった。もちろん、この習俗は嫁の実家が比較的近距離にある場合を想定している。上三林と下三林は、隣接する集落であるが、オビヤ習俗に若干の違いが見られる。

上三林新田のＹＴさんの場合は、男二人女一人の計三人の子がいるが、いずれも生後二一日目にお宮参りをした。このときまで産婦は穢れており、生後二一日目に産婦は床《とこ》立《だ》ちでき、実家に一週間ほど帰ることができた。お宮参りまでは橋を渡ってはいけないという。忌《い》み明《あ》け前までは産婦の洗い物をした洗い水を日陰に捨てた。オビヤには産婆や近い親戚を呼んでご馳走をした。このように上三林では、オビヤは男女とも生後二一日目となっている。

一方、下三林では男子は生後二一日目で、女子は生後三一日目となっており、男女で一〇日の差がある。女の子が遅いのは、男の子に比べると女の子のほうが身体が穢れているからだと説明している。便所と屋敷の稲荷様にお参りする。橋にもお参りするが、産後初めて渡る橋の渡りきった橋のたもとに、半紙《はんし》にオサゴとお金を包んだものを置いてきた。これは川で怪我をしない願いを込めた橋の渡り初めでもあった。これは危険な場所に参って注意を促すだけでなく、産のケガレの問題が横たわる〔吉成　一九九六　一七九〕。

上三林本郷では、複数の話者が男女とも生後二一日目であると自信を持って回答していたのが印象的である。上三林新田のYTさんの場合は、初めの二人は男子であったから当然二一日目にオビヤをし、三人目の女の子は本来生後三一日目にすべきだったかもしれないが、上の二人の男の子が生後二一日目であったから敢《あ》えて三人とも同じにしたのかと思い、再確認をしてみた。しかし、YTさんによれば、この地域では男女とも生後二一日目にするものであったといい、むしろ男女でオビヤの日にちが異なることを知らなかった。

上三林本郷で聞き書きを進めていたときに、二人の話者がオビヤは男女ともに生後二一日目であると語った。私は男女で異なることはなかったかと二人に再質問してみた。すると、「そのようなことはない、オビヤは男女とも同じである」という趣旨の話を続けた。ところが、それを聞いていたNKさんは、生まれ育った新潟県魚沼郡では男女で日にちが異なっていたと話し始めた。さきほどの二人がそれを聞いて大変驚いてしまったのである。少なくとも二人の話者に関しては、男女でオビヤの日にちが異なることを知らないか、あるいは認識していないということになる。それに対し、隣接する下三林では明らかに男女でオビヤの日にちが異なっていた。下三林において男女で日にちが異なる理由として、女の子は身体が穢れていると説明している。

食い初め・初山・初誕生

上三林本郷では、食《く》い初《ぞ》めは生後一一〇日目で、実家の両親を呼んで祝った。お膳《ぜん》にご飯茶碗と箸を揃え、皿の上には小石を載せた。これは歯が丈夫になるためという。同じく上三林新田では、生後一一〇日目に食い初めをした。地元では「お食い初め」と呼んでいる。このときは赤飯を炊いてご飯茶碗に盛り、小さな丸石を砂利道などから五つほど拾ってきて、きれいに洗っておかずとして付け、赤子に舐《な》めさせた。小石の大きさは一円玉くらいで、歯が丈夫になるようにという呪《まじな》いであった。膳椀《ぜんわん》は実家から贈られた。

下三林では、生後一〇〇日目に食い初めをした。膳椀と箸を用意し赤飯を炊いて祝う。きれいな小石を皿に載せて歯が丈夫になるように食べさせる真似をした。食い初めは自分の家だけの儀礼であった。下三林の小林サキによると、生後一二〇日目に食い初めをした。男女とも同じ日であった。箸とお膳を用意し、尾頭《おかしら》付きの魚を付けて白いご飯を食べさせる真似をしたが、小石は付けなかったという。なお、歯が生えるのは生後六か月くらいである。

市内小桑原町に鎮座する富士浅間《ふじせんげん》神社の初山大祭《はつやまたいさい》（六月一日）にお参りをして額に印を付けてもらう。実家から夏物の広袖《ひろそで》の絽《ろ》の着物が贈られた。お土産は初山うちわで、お産見舞いのお返しに配った。その初山うちわはあらかじめ注文しておく。麦刈りで忙しい時期だったので、昭和二十四、五年ころは業者が注文取りにやってきた。

初誕生は「お誕生」と呼んでいる。このときは紅白の餅を搗《つ》いて親戚に配った。一升餅を風呂敷に包み、満一歳の赤子に背負わせた。誕生前に歩くと早生《わせ》だという。現在はリュックサックに餅を入れて背負わせ、この餅は切ってお祝いをくれた親戚に誕生餅として配った。

7 生命力の更新

厄除けの各種儀礼

厄年《やくどし》は、男性は四歳・二十五歳・四十二歳、女性は四歳・十九歳・三十三歳で、いずれも数え年である。厄除けには、栃木県佐野市の厄除大師《やくよけだいし》、太田市の大光院《だいこういん》（通称呑龍様）、邑楽郡千代田町赤岩の光恩寺《こうおんじ》、野辺町の龍福寺《りゅうふくじ》へ行った。四歳になると、野辺町の龍福寺へ厄除けに行ったり、千代田町赤岩の光恩寺にも行った。一月四日であった。上三林新田では、赤岩の光恩寺へ行く人が多かった。女性の三十三歳のときは、実家から菱形《ひしがた》のウロコ帯を贈る習わしであった。ウロコ柄は魔除けの模様であるという。四十二歳のときは、太田市の呑龍様または千代田町赤岩の光恩寺へ厄除けに行った。上三林新田のＫＪさんは、太田市の呑龍様へ行った。最近は栃木県佐野市の厄除大師に行く人もある。厄年に生まれた子は厄年っ子といい、三本辻に捨て子にされ、近親者などに拾ってもらった。

並び年は重ね年とも呼ばれる。二十二歳・三十三歳・四十四歳・五十五歳・七十七歳・八十八歳が知られる。二十二歳は厄年の部類に属する。古く葬式に使われた座棺《ざかん》が縦横とも二尺二寸の大きさであるところから結婚の年回りとしてよくないと言われた。また、二×二＝四（死）という語呂《ごろ》合《あ》わせも信じられた。三十三歳は女性の厄年である。四十四歳は一般には聞かれない。七十七歳と八十八歳は喜寿《きじゅ》と米寿《べいじゅ》であり、長寿の祝いとして認識されている。

この地域では、数え五十五歳になった人を近い親戚が招待し、五十五個の団子《だんご》を振る舞う。五十五の団子習俗は、埼玉県東北部から群馬県東南部の比較的狭い地域に分布する。男女とも数え五十五歳になると近い親戚から招待され、五十五個の小粒の団子に餡《あん》を付けて一人で食べるものである。上三林本郷のＡＨさんによると、五十五の団子はその人が作って人々に振る舞うのが本来の意味であるという。

上三林本郷のＩＷさんによると、五十五個の団子は餡を付けて食べるが、家によってはゴマや醤油で食べた。最近も「五十五の団子で来てくんない」「団子するから」などと言って親戚を招待して料理屋で祝いをする人もいるが、近年、五十五の団子習俗は廃《すた》れているという。

上三林新田のＫＪさんは、父親が近所へ何度も呼ばれに行ったのを覚えているという。彼自身は数え五十五歳のときに、本家が五十五個の団子を作ってくれ、その団子を全部食べたという。団子はご飯茶碗一杯の分量で、米の粉で作って餡を付けた。この習慣は昭和三十年代のほうが盛んであった。

昭和三十年代の五十五歳といえば、現在と比べて後がないという感覚で、厄年というよりも、どちらかといえば吉事《きちじ》の意識が強いという。上三林新田のＳＹさん（昭和五年生まれ）は、五十五歳のときは、まず本家で呼ばれ、舟戸コーチの妻の実家にも呼ばれたので都合二回のお祝いをしてもらった。五十五の団子は、五十五歳になった年で、米の収穫が一段落した十一月から十二月にかけて行った。五十五個の団子を一人で食べると厄除けになる、中気《ちゅうき》にならない、など病気・厄払いを意識した伝承となっている。

館林市本町の和菓子店では、五十五の団子について年間十数件の注文があるという。米の粉を材料にして細く棒状に伸してヘラで小さく切っていく。それを五十五個作り、餡をまぶしたものである。丸い団子というよりもぶっきり飴の形状である。これをパックに入れて売るが、平成十六年十二月現在で四百円である。作るのに手間がかかり、利益が出るほどは売れないという。

生命力更新としての長寿儀礼

昭和十年代は、数え六十歳を過ぎれば長生きだと言われた。六十歳を過ぎると歯が抜けて、入れ歯をしなかった人が多かったので皆老人に見えた。入れ歯をすれば若く見えるが、当時はお金がなかったから歯医者に行って歯の治療をするということはなかった。歯が抜けたままでもたくわんをしゃぶって食べたものであるという。

上三林新田のＹＴさんの母（邑楽郡邑楽町狸塚）は、平成二年（一九九〇）に満九十七歳で亡くなった。病気もせず、皆に心配も掛けずに長生きしたので、お祝いだといって赤飯《せきはん》を炊いて親戚に配った。告別式の引き出物は金粉入りのお茶であった。上、下三林では一般の葬式に赤飯は用いられなかったが、長生きをした人の場合、稀《まれ》に赤飯を炊くことがあったという。なお、ＡＨさんによると栃木県足利市では、近親者が赤飯を蒸かし、ホカイ（行器）に入れて持参したという。

六十一歳になると還暦の祝いをすると伝承しているが、戦前に還暦の祝いをした例を聞かない。上三林新田のKTさんは、同級会の旅行のときに女性たちが赤いちゃんちゃんこを作ってくれたので同級生が交替で着て写真を撮った。このように現在は、六十一歳の還暦を祝って孫たちが温泉などに招待してくれる例が多い。

七十七歳を喜寿の祝いといい、子どもや孫がお祝いをしてくれた。一方で祝いをすると直《す》ぐに亡くなるという俗説もあり、そのために喜寿の祝いをやらないという人もある。七十七歳のときは吹き竹を親戚や近所に配った。上三林本郷のIRさんの舅が七十七歳のときに「吹き竹をした」という。半紙を巻いて水引《みずひき》でしばった吹き竹は、座敷に山のように作った。上早川田出身のAHさんは、実家の父の七十七歳の祝いに吹き竹の代わりに扇子を出した。当時、既に吹き竹は実用品でなかったので扇子にしたという。また、八十八歳は米寿の祝いといい、八十八歳のときには赤いちゃんちゃんこを着てお祝いをした人もある。

平成十五年（二〇〇三）の調査時には長寿銭は認められなかった。(4) ところが、平成十七年（二〇〇五）五月に上三林本郷で長寿銭が出された。百二歳で亡くなった女性の葬式で、祝封筒に百円硬貨が入った長寿銭が配られたのである。同家では、田植えの時期で多忙だったので、百二歳になるおばあさんを介護施設に一日だけ預かってもらうため、家族が連れて行った。施設に入ろうとしたら腕に抱かれたまま亡くなる大往生であったという。このときの葬式は農業協同組合が担当し、長寿銭をもらった人の多くが仏壇に上げている。

還暦の習俗については、上三林新田では「戦前に還暦の祝いをした例を聞かない」と語られ、近年は孫たちが温泉などに招待する事例もあるが一般化は難しい。同様に喜寿の祝いや米寿の祝いも昔から行われていたものではなく、平成に入ってから行われ始めたと語る。その理由として、「昔はそれほど余裕がなかった」と多くの話者が語る。しかも喜寿の祝いをすると直に亡くなるという俗説もあるので、あえてやらないという人もあるほどである。

8 いのちの危機

予兆と知らせ

死の予兆の代表は、カラス鳴きである。カラス鳴きが悪いと、どこかに死人があると伝承されている。しかし、その家の人にはカラスの鳴き声は聞こえないものだという。昔は現在と比べてカラスの数が少なかった。死者があるときはいつもと鳴き方が異なる。カラスがしきりに鳴くと、「あそこの家には年寄りがいるから、もしかすると……」と話題にすることがあったが、これは昭和四十年代までの話である。カラスの尾が向いた方角に不幸があるといい、ガーガーと一声で鳴くときは何か出来事がある前兆である。

近親者が亡くなると、玄関のほうでガタガタと音がする。寺院では、玄関で音がすると男性、台所で音がすると女性が亡くなったと分かる。「ドーン」とすごい音がするものだという。また、上三林新田の雷光寺《らいこうじ》には戦争中に疎開《そかい》で僧侶が住んでいたことがある。その僧侶は、男性が亡くなると堂の裏で音がし、女性の場合には表の階段のほうで音がすると話していたという。

上三林本郷のKAさん（昭和三年生まれ）の兄と叔父は戦死している。ある日、玄関のほうで音がして戸が開いたようであったので、両親が「誰かが来たみたいだから、ちょっと見てこい」と言った。土間に降りて玄関まで行ったが誰も来ていなかった。一週間後に役場から兄が戦死したという通知があった。兄は巡洋艦に乗り、叔父は飛行機乗りであったが、いずれもレイテ沖で亡くなった。玄関の戸が開いた音がしたのは、兄と叔父が死の知らせにやってきたのだろうと話し合った。戦死の通知とともに桐製の木箱が届いたが、中には海軍の錨《いかり》マークの入った線香立てが入っており、今でもお盆になると使っている。

上三林本郷のIWさんのいとこが、昭和六十年（一九八五）ごろ病院で亡くなった。親族が危篤《きとく》の患者のベッドを取り囲んでいると、ドアがカチャッと音がして開いた。そこで病人の娘が廊下に様子を見に行った。戻ってきて「何でもなかったよ」と言った。しばらくして病人は亡くなってしまった。病室のドアが開いた時間帯に上三林の実家へ病人が「こういうわけで沙汰に来たよ」とわざわざ告げに来たという。病人は知らせに行くために自分でドアを開けて出ていったのだろうと親族は思ったという。また、亡くなる前に親戚をまわることがあるが、これを「ひと回りする」と言った。

タマヨビ儀礼・イイメを見せる

本調査地では、タマヨビ習俗を採集できなかった。危篤の人に向かって耳元で大声を出すと、呼び戻されて息を吹き返すことがあるという伝承が伝わる程度であった。三途の川にはきれいなお花畑があり、ピーヒャラ、ピーヒャラとすてきな笛の音がするので行こうとしたら、後ろから叩かれたり呼ばれたりしたので意識が戻ったという。この人はササラの笛の名人であった。

長く患っている人が大変気持ちよさそうで元気なところを見せてくれることがある。急に食べられるようになったり病気がよくなったことを分かってもらうかのように振る舞うことがある。このような状態を「イイメを見せる」という。本調査地では、ヨナオシ（世直し）、ヨナオリ（世直り）という言葉を知る人はいなかった。死のサインとしての中なおり現象を、石川県吉野谷村《よしのだに》では「ちょっとエエメを見せる」というが、エエメもイイメも同じであり、この表現が普遍的であることを予測させる〔板橋　二〇〇七　二四七〕。

9 死の判定・あきらめ

死の判定

一般に死ぬ間際の病人は起こしてはいけない。しかし、病人は少しでも楽になりたいために「抱いてくれ」ということがある。抱き起こすと同時に死んでしまう。

上三林本郷の話者たちによると、「あるとき、人が亡くなってしまい、葬式をしていたら棺箱《かんばこ》で音がして生き返った」「お経をしていたらガタガタする。開けてみたら生きていた」「俺はまだ死んでねえぞ」などという話が伝わっている。

人玉《ひとだま》は墓地に出る。雨が降るとリンが燃えるためか、光が出る。昭和六十年代までは多くの家が自宅で祭壇を作って近親者が集まり、故人の思い出話をしながら線香を絶やさないように寝ずに起きていた。現在は斎場で通夜を行い、斎場に泊まってしまう。

あきらめとしての死者儀礼

現代は病院で亡くなる場合が多い。病院死の場合、病院から帰るといったんは南向きに寝かせ、親戚が集まってから枕返しをしている。死者の頭を北向きに寝かせてから一輪花を供え、水と枕団子を供えた。北枕にするまでは線香を上げない。見舞客は線香を一本あげる。

枕返しをした後、唇が乾くからといって、脱脂綿またはガーゼに水を付けて死者の口を湿らせた。これは近親者がやったが、隣組の人もやった。上三林本郷のAHさんの父は胃がんであったが、「俺は今日行くかもしんねえ」と言い、翌日の夜明けに亡くなった。昭和十六年夏の暑い時期だったので口の中に氷を入れてやった。昭和四十年代ころまでは、畳の上で死にたいという人が多かった。それは畳の上で死ぬのが後生《ごしょう》のよい死に方だと考えられていたからである。

人が亡くなると、隣組の人が神棚に半紙を貼ってくれた。これを「神様を隠す」と呼んでいる。

また、仏棚やエビス様の棚にも半紙を貼った。葬式が終わって一週間経つと取り外した。枕団子は上新粉《じょうしんこ》で作り、丸めたものをつぶして墓に供えた。団子を作るのに使用した鍋は、一週間は使えないといった。枕団子は隣組の女性が鍋で作るが、うでるのに使った鍋は穢れているから使わないという。丸いのを三つ、ぺったらなのを三つ作り、これを皿に載せる。ぺったらな形にする理由は明らかではない。枕飯《まくらめし》は鍋で炊くが、この鍋は葬式後しばらくは使えない。枕飯は炊きっきりで、ご飯茶碗へ山盛りに盛ってしまう。そして死者が使っていた箸を垂直に挿した。そのために子どもたちが食事の際に、箸を突きさして遊んでいると「仏様になるよ」などと注意された。

湯灌《ゆかん》のことをニッカンといい、近親者が行う。釜でお湯を沸かし、タライにお湯を入れて湯灌をするが、女性は死者の下半身を、男性は死者の上半身をサラシで拭いた。このサラシはまとめて棺の中に収めた。湯を沸かすのに使った釜は、縄をまいておき一週間は使えない。湯灌に用いた湯は、屋敷裏の竹藪や垣根などに捨てた。湯を捨てるときは後ろを振り向いてはいけないという。湯灌が済むと死者に新しい浴衣を着せた。昔はサラシで帷子《かたびら》を縫った。サラシはハサミを使わずに裁断した。親戚の女性が縫うが、ていねいに縫ってはいけないと言われていた。また、着物の袷《あわせ》は左前で、結びも「おたつ結び」にした。足袋《たび》も左右反対に履かせる。昔は座棺であったので、死者の体温があるうちにあらかじめ足を組ませてあぐらをかかせた。手は合掌させた。

頭陀袋《ずだぶくろ》を首から下げる。その中には六文銭《ろくもんせん》が入っていた。三途の川の渡し賃という。隠し銭は、裾のほうの分かりにくいところに縫いつけた。この隠し銭は三途の川で取られないように隠しておくためという。死者は北枕西向きに寝かせ、胸には刃物を置く。これは魔物がかない魔除けという。猫は魔物なので死者に近づけないようにした。

死の予感と連想

一軒の家で一年に二回の葬式があると、「二つあることは三つある」といって、藁《わら》人形をこしらえて棺の中に入れた。藁人形は「大」の字に似た簡素な人形であった。IWさんの場合は、昭和五十七年(一九八二)三月一日に夫を、同月十三日に姑が死亡した。このときは葬儀社が人形を用意してくれた。

IWさんが埼玉県羽生市から嫁いだ昭和二十八年(一九五三)ころは、座棺が用いられていた。裕福な家では比較的早く寝棺《ねかん》が使われたが、一般の家では座棺であった。合掌させ、あぐらをかかせて入れる。座棺は縦横二尺二寸の大きさで、背の大きい人の場合は幾分窮屈であった。この座棺の大きさの連想から、着物の丈も二寸仕上がりはよくないといわれた。着物を作るときは一寸八分などのように仕立てるのは、「八」の字が末広がりを意味する。また、四尺二寸は「死に」でなおさらよくないという。

妊娠しているときに葬式に会うとよくないといい、葬式に会う可能性があるとき、妊婦はお腹に鏡を内向きに入れておく。また、妊婦がいるとトコホリ(床掘り)当番を遠慮し、順番を次の人にしてもらう。また、葬式にうどんも使用しない。それは長い物は後を引くと縁起を担ぎ、特にソバは「そばからできる」といって、縁起を担いで使用しなかった。

10 葬式と死者供養

葬式と隣組

　葬式のことをビンチャンあるいはビンチャという。これは葬列のときに叩く銅鑼《どら》の音から来た名である。「あそこの家はビンチャンができた」などという。年輩の人はビンチャンで通用するが、若い人やよその人には通じない。館林市北部の上早川田から転居したAHさんは、IRさんとの会話で「今日は○○コーチでビンチャンができた」と言われたが、何のことか分からなかったという。上早川田では「亡くなる」とか「不幸ができた」という言い方が一般的である。

　人が亡くなると、施主《せしゅ》が隣組長に連絡する。隣組長は施主を交え、隣組の人たちと相談して葬式の段取りをする。人数が少ない隣組は夫婦で手伝いに行く。昔は夫婦で二日ほど手伝いに行ったが、現在は一日で済んでしまうことが多い。隣組の人が必ず二人で親戚へシニツカイ（死に使い）に行った。この役目はシニツケ（死に告げ・死に使いの訛りか）とも呼ばれる。電話が普及した昭和四十年代からシニツカイは次第にやらなくなり、現在はすべて電話で済ませている。

　下三林では、冠婚葬祭に使う黒塗りの膳椀《ぜんわん》一式を隣組が所有しており、「共有の膳椀」と呼んでいた。貸し賃を徴収する隣組もあった。茶箱に入れて隣組長が保管することになっていたが、昭和六十年（一九八五）ころには使わなくなった。上三林新田では、膳椀は大尽《だいじん》の家から借りてきたもので、コーチ単位で膳椀を所有するようになったのは比較的新しいという。

葬式は友引《ともびき》にはしない。友を引き込むというので忌《い》む。上三林本郷では、通夜が友引の日であっても気にせずにやってしまう。なお、館林市の斎場は友引が休みであり、葬儀社も友引が休みである。昔は隣組が手伝って葬式を仕切ったが、平成十年代に入ると自宅で告別式をやらなくなり、葬儀社に一任してしまうのが通例である。自宅葬が行われなくなったのは「自宅の葬式では車が置けない」「自宅でするると大変だから」などの理由である。葬式を斎場でやるようになったので、隣組の手伝いは一軒一人で間に合うようになった。

ここで現代社会における葬式の一例を次に示そう。下三林のKIさん（大正十四年生まれ）の妻は、平成十五年（二〇〇三）十月五日午後一時に腎臓病のため病院で死亡した。病院できれいに清拭《せいしき》してくれるが、そのとき身内の者は立ち会わない。自分の浴衣《ゆかた》を着せてもらって自宅に帰った。自宅では座敷に寝かせておき、子どもたちが集まったときに枕直《まくらなお》しといって向きを変えた。午後五時に遺体を民営の斎場へ運び、午後六時から通夜式を行った。枕団子と枕飯は葬儀社が用意してくれた。民営の斎場は宿泊できるようになっており、長男が一人で泊まった。線香を絶やさないようにする程度である。翌七日は午前十一時に告別式であった。出棺の前には白い帷子を掛け、その上に脚絆《きゃはん》や足袋を着ける真似をした。そして、民営の斎場から火葬場へ行って火葬にする。それから釈迦《しゃどう》堂に戻ってきて、そこで三回半まわる庭まわりを行った。骨になっているのでトコホリが埋《い》けてくれた。

上三林本郷では、回り番でトコホリを務めた。施主が墓地へ行って、このあたりを掘って欲しいと指示する。トコホリは大役で、四人が棺を担ぎ、葬式当日の清めの宴のときなどは床柱《とこばしら》を背に東向きにすわり、トコホリが退出するまで誰も帰れなかったという。下三林では、トコホリは昔は四人で務めたが、火葬になって仕事が少なくなったので、現在は三人で行っている。葬式があると釈迦堂の鍵を借りに行くので、すぐに誰がトコホリの当番であるか分かる。トコホリの順番は、昔は家並み順になっていた。施主が酒一升を持ってきて、「これを飲んでください」と言い、施主が掘る場所を指示した。昔は土葬だったので、約二メートルの深さまで掘ったが、ときには新しいホトケ（以前に埋葬した遺体）が出てくることもあった。

上三林本郷の真観寺《しんかんじ》墓地は、夏場六月から八月にかけては掘っていくと水が湧き出てしまう。すると、掘るのも大変だし、棺を埋めるのも一日がかりの大変な作業になった。ノロツボあるいはツボと呼ばれる魚捕り用の網を利用して泥を上げた。水が出ていると棺が沈まないので、スコップやヘラを使って縁を破って水を入れて沈めた。これは残酷に見えるが仕方なかったという。上三林新田も少し掘ると水が出るので穴掘り作業は大変であった。また、掘った後も棺を埋めるまでがひと苦労で、棺を叩いてその中に水が入るようにし、人が乗ったりして棺を沈めるようにした。

葬列と儀礼

隣組の人が先導として墓まで辻灯籠《つじどうろう》といってロウソクを門々《かどかど》に挿していくが、火は点《つ》けなかった。その道を通って葬列を組んだ。葬列は、高張《たかは》り提灯《ちょうちん》二基（親戚）、施主花二つ（親戚）、お膳（嫁）、香炉《こうろ》、反物《たんもの》持ち、龍頭《たつがしら》、花籠《はなかご》、天蓋《てんがい》、位牌《いはい》、後提灯、と続く。住職が並び方を教えてくれ、書き出しておいて読み上げる。寺院に着いてから庭先で三回り半まわる。葬列は神社の前を通ってはいけない、同じ道を通らない、などの作法があった。葬列に参加する親族は、半紙を三角に折って髪の毛に挿したり襟に入れておき、葬列のときに自然に落ちるのがよいという。

上三林本郷では、墓地で左まわりに三回半まわる。そのときに、身内がチリセン（散り銭）をした。花籠の中に半紙でお金をひねったものを入れておき、庭まわりのときに揺すって落とした。昭和三十年代までは、葬式には子どもがたくさん集まった。チリセンは拾って使い切り、家へ持ち帰ってはいけない。拾ったお金はその日のうちに使わないとカエルに化けると言われていた。上三林新田では、棺は縁側《えんがわ》から出て庭で葬列を組んだ。松の木堂に行ってから左まわりに三回半まわるが、そこで僧侶がお経を読む。そのときに花籠を振り、散り銭をした。お金が入っているので子どもが競って拾った。葬式で拾ったお金はすぐに使わないとカエルになってしまうから早く使うものだという。

上三林本郷では、葬列には真観寺（真言宗）からゴショグルマ（後生車）を借りた。棺車《かんしゃ》ともいい、本堂の裏に保管されている。「昭和二十七年十月新調、栃木県佐野市、奥沢葬具店購入」と墨書されている。ゴショグルマを利用するようになってからのトコホリは、曳《ひ》く人と押す人の二人だけになった。このゴショグルマは寝棺用である。ゴショグルマを使う前は、荒縄でしばって天秤棒《てんびんぼう》で担いだ。ゴショグルマ新調後二、三年したら火葬になってしまったので、使用期間は短い。下三林では、昭和三十年代初めころまではゴショグルマを曳いて墓地まで行った。サラシはトコホリの人が分け、昔は褌にしたりオシメに使った。

上三林本郷では、死者を出棺させるとすぐにザル転がしをした。「早くザル、ザル」などと言いながら、隣組の人がミケエと呼ぶ籠（ザルともいう）を座敷に転がした。YTさんによれば、このザル転がしは現在も行われている習俗であるという。翌日、タワラッペシ（桟俵《さんだわら》のこと）をひっくり返して、その上に枕団子を調整したときに出た灰と使用した竹箸やしゃもじを載せ、三本辻に置いてきた。これは「送り出す」と言っている。

土葬から火葬へ

土葬時代は、施主が土を少し埋める真似をした後、近親者が土を少しかけ、それからトコホリが埋葬した。埋め終わると竹を飾ってから改めて墓参りをした。これを「あしたの墓参り」といい、孫にあたる人が杖をさして歩いた。火葬になってからは骨壺にお骨を入れるので、火葬場から帰ってくると墓地に埋葬する。骨は土に返すと行ってカロウトの下に撒いてしまう。

上三林新田のYTさんの舅は、昭和三十四年（一九五九）に亡くなったが、そのころは土葬であった。昭和四十年（一九六五）ごろから火葬になってきた。墓地も狭くなり、衛生上もよいというので火葬が普及した。上、下三林では、告別式の前に火葬にしてしまう場合が多く、告別式のときには小さな箱に入った骨壺が置かれている。これは火葬場の都合であるが、地元の人に聞くと何ら違和感は感じないという。昭和五十年（一九七五）ころ、上三林新田の女性が直腸がんで亡くなった。火葬することになったが、若く死んだのでかわいそうだという理由で土葬にした。これは火葬が普及した時期の例外として人々に記憶されていた。

家に帰ると塩で清めた。玄関から入るときに「お清めをしてください」「夕飯を食べていってください」などと言われる。夕飯の膳を帰り膳と呼ぶ。葬式当日の晩、コーチのおばあさんが集まって念仏を申してくれた。上三林新田の羽沼コーチには念仏講があり、昭和四十四年（一九六九）の葬式のときには念仏を申してもらった。

死後の供養

死者の浴衣は北向きに干して水を掛けた。これを水掛け着物というが、水を掛けると死者は後生がよいという。この浴衣は一週間ほど下げておく。これを七日ざらしと呼んだ。太平洋戦争中は衣類が不足していたので、誰かが下げていったものである。一週間経って下げられないとよくないといい、近所の人に頼んでわざわざ下げてもらった。七日ざらしに用いた浴衣は風が吹くとゆらゆらしているので、子どもたちは夜になると怖がったという。この習俗は、昭和四十年代後半まで残っており、その印象が強く、普段は北向きに干すものではないと言われた。また、七日ごとに女性が墓参りをして七本木《しちほんぎ》を裏返してくる。

上三林本郷では、昔は真観寺に旗を寄付した。この旗は木綿製なので戦時中の物資不足の時代には多くの人が欲しがった。現在は、亡くなった人の名で集会所と真観寺に現金を寄付する。葬式が終わって三、四日経って落ち着いたときに、亡くなった人の子どもが区長宅へ寸志と書いた封筒に現金を入れて届ける。すると、区長が木札に「〇〇菩提、一、金二万円也、（死者の氏名）、（死亡年月日）」などと書いて張り出した。金額は家によって若干異なるが、近年はおおむね二万円である。

四十九日には僧侶に来てもらってオタナアゲ（お棚上げ）をした。葬式に来てくれた人を呼んで塔婆を立てるので、この日を塔婆の立て始めという。百か日には僧侶に来てもらう。一年、三年、七年、十三年、三十三年、五十年の年忌《ねんき》をする。五十年忌までする家は稀である。一年目をイッセイキという。三十三年忌には、葉の付いた杉の木を削って、そこに戒名を書いた。話者たちによれば、「死者は三十三年経つと仏様だったのが神様になるんだ」という。三十三年忌に立てる塔婆をイキトウバ（生き塔婆）と呼び、昔は杉を葉の付いたまま伐って、幹を削って戒名を僧侶に書いてもらった。近年は、板塔婆の先端に杉の葉を付けるのを稀に見かける程度である。このイキトウバを立てるとその人の供養は終わりという意識が強い。

館林市北部の上早川田町ではカイミョウ（戒名）を作って配っていたが、上三林、下三林では「カイミョウ」という言葉は聞かれない。戦死者の戒名はたいてい長い。飛行機乗りの場合は「飛」の字が入っている。昔は死者が着ていた着物をもらってきたが、それを形見分《かたみわ》けといった。昔はもらう人がいたが、今はもらう人も少なく、燃やされたり処分することが多い。

上三林新田の共同墓地は松の木堂と呼ぶ。墓地内では墓石の高さは決まっていた。この集落は耕地整理が早く、共同墓地化も早かった。死んでからは皆平等という精神に基づく墓地整理である。少しでも墓石の高さを変えてはいけないという規制力があるが、最近は決まりを守らずに墓石の高さを変えてしまう家も少なからず出ている現状である。なお、下三林の共同墓地に墓地改修の碑が建てられている。碑文は次のとおりである。（適宜句読点を加えた。）

墓地荒廃と本堂の老朽に慨歎、檀徒一同決然起つて、墓地整理・本堂改築を発心企画、即ち整地・換地・建設・墓石の四部門に分担、施行・工事の進捗頗る迅速、企画後一年を経すして完工、往時の墓地は位置に高低あり、区画に大小あり、出入に通路なく、墓石は雑然として、その向きさえ明らかならず、よつて高低を排し、墓石は一律南面とし、通路を設け、総面積二二七七・五八㎡を二五二区画に均等分割、本堂改築・仏像修理等と併せ、実に面目を一新す

昭和四十七年十一月

これによると、共同墓地の場合には墓地整理に際して地域行政のリーダーが平等の精神を強調して一律にしようと主張したことが分かる。

① 十九夜観音堂の縁日を知らせる鉦
② 十九夜様のお札（２枚）と赤のタスキ
③ 赤のタスキを受ける妊婦

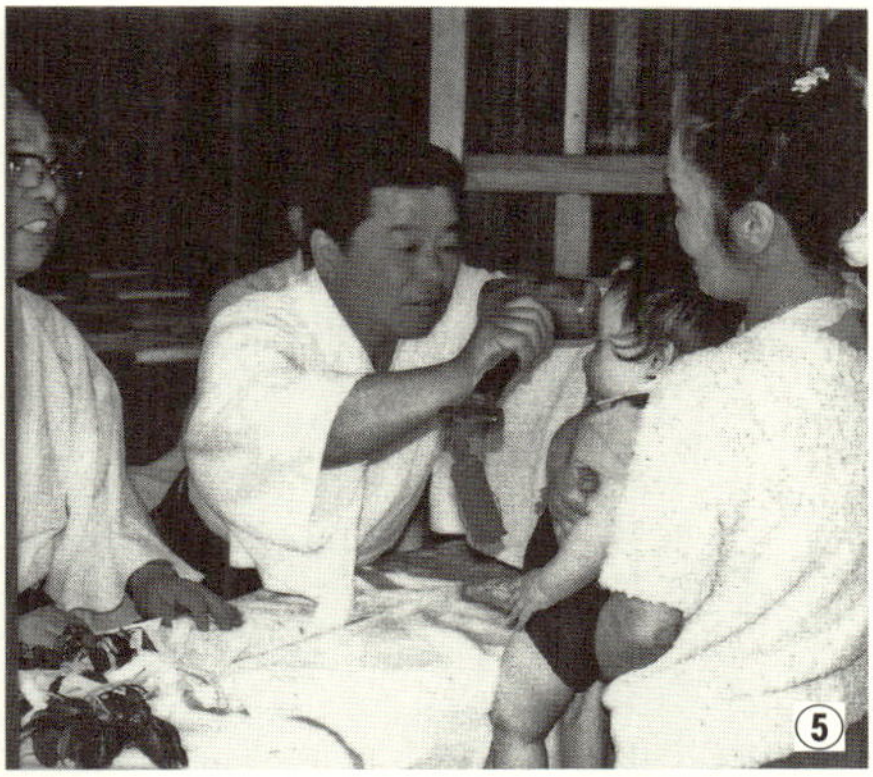

④ 命名札
⑤ 富士嶽神社（小桑原）の初山祭り
⑥ 初山のうちわ
⑦ 五十五の団子を食べる様子

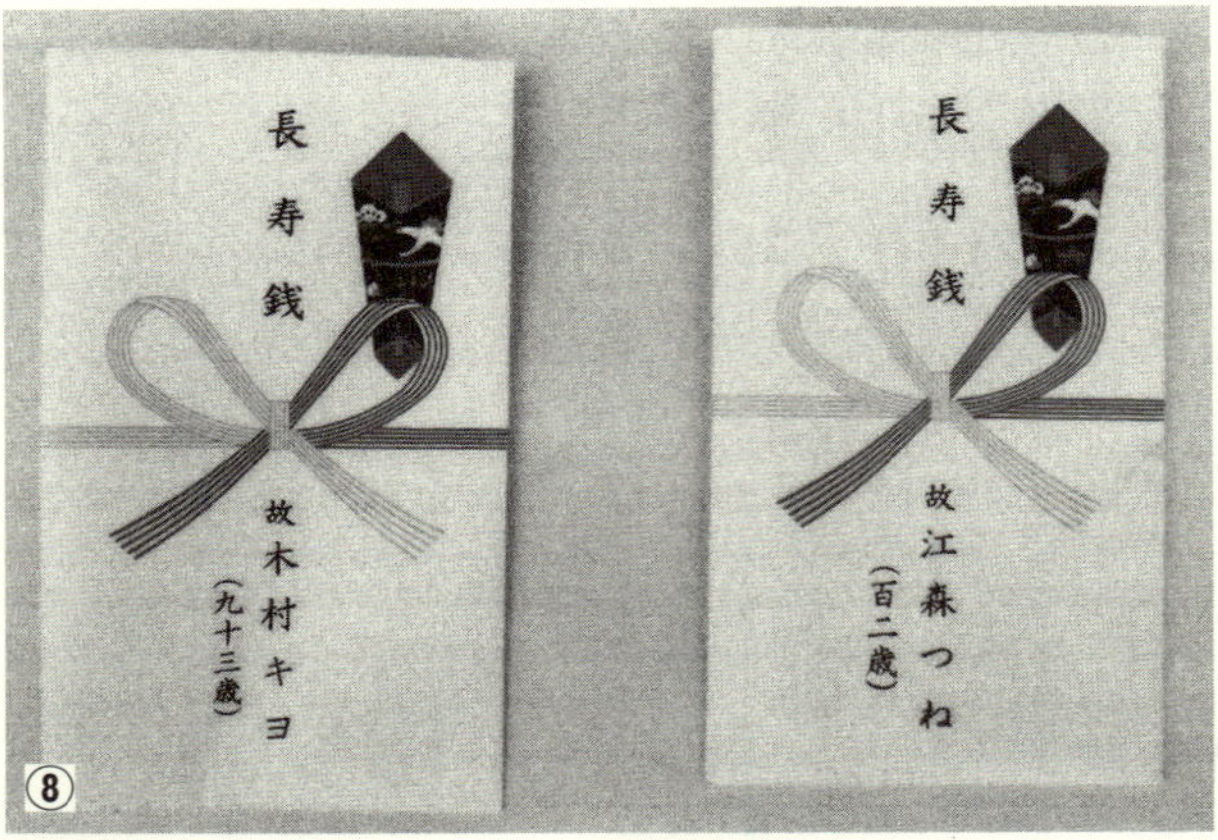

⑧ 長寿銭
⑨ 龍頭など

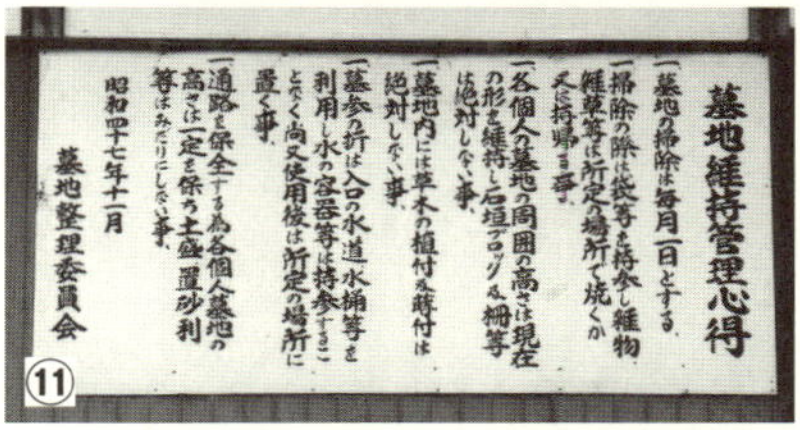

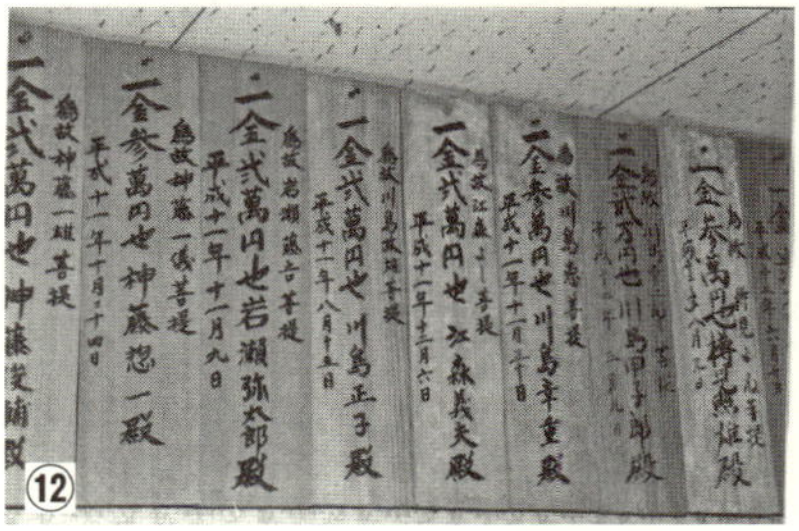

⑩ 墓地整理記念碑
（下三林共同墓地）
⑪ 同墓地の管理心得
⑫ 寄付の木札

11　対応する儀礼と近代社会の「家」・先祖

次に分析的な視点から資料を眺めることにしたい。その際のキーワードは、儀礼の中に見られる《対応の原理》と《近代社会の「家」・先祖》という二つの視点である。

儀礼対応の原理

人生儀礼として分類される儀礼群においては、産育儀礼と葬送儀礼の類似、あるいは婚姻儀礼と葬送儀礼の類似など、一般的には異質と見られる儀礼間に、きわめて類似するものが存在するという特色が認められる。(5) 赤田光男によれば、産育と葬送における儀礼上の対応は、おおむね次のようである〔赤田　一九八四　九三〕。

出産祝い　⟷　通夜
三日祝い　⟷　三日帰り
お七夜　⟷　七日
産屋明け　⟷　三七日

宮参り ↕ 忌み明け
食い初め ↕ 百か日
初山 ↕ 霊山参り
初正月 ↕ 辰巳正月
初誕生 ↕ 一回忌
七五三の祝い ↕ 七五三回忌
十三参り ↕ 十三回忌

産育儀礼は、あの世からこの世へ霊魂を引き上げて強化する吉礼《きつれい》で、一方の葬送儀礼はこの世からあの世へ霊魂を送り込んで浄化する凶礼《きょうれい》であり、産育儀礼と葬送儀礼は霊魂のすみかを移すことが共通しているという。また、霊魂の強化も浄化も共にケガレを払うことが主眼であるために、産育と葬送の儀礼は類似する傾向にあると指摘した〔赤田　一九八四　九二〕。このような対比については、大藤ゆきも生と死の儀礼は対応していることを民俗事象の中から見出し、その比較研究を深め〔大藤　一九八〇　三五〕、新谷尚紀も次のような独自の対比を提示している〔新谷　一九九五　一八〇〕。

帯祝い ↕ 年祝い
出産 ↕ 死亡

産湯 ↕ 湯灌
産着 ↕ しあげ
お七夜 ↕ 初七日
食い初め ↕ 百か日
初節供・初正月 ↕ 初盆
初誕生 ↕ 一周忌
オビトキ ↕ 年忌

このような産育儀礼と葬送儀礼の対応を念頭に置きながら、次に本調査地における儀礼間の対応を見ていくことにする。

対応する儀礼の諸相

① カナババの伝承

赤子が初めてする黒い胎便《たいべん》をカナババまたはカネベンという。カナババがオシメに付着すると、洗剤で洗ってもきれいにならないので、汚れたオシメは捨ててしまう。また、人が亡くなる数日前にも黒い便が出るが、この黒い便が出ると「いのち」が終わりだと認識されていた。ところが、このカナババの名称を覚えているのは大正生まれの話者だけであり、昭和生まれの話者の多くはカナババの名称を知らなかった。カナババの伝承が消滅するのは時間の問題であろう。大正生まれの話者にカナババの話を伺いながら、ほかにどのようなときに黒い便が出るかを尋ねると、「そういえば人が死ぬときにも出るんだよ」と思い出したように教えてくれたが、名称は覚えていないという。「とにかく黒い胎便が出るといのちがおしまいだ」と語っていた。

カナババは国内で広く用いられた名称で、各地でカニババ（岩手県・長野県・愛知県）、カナビ（千葉県）、カニクソ（新潟県）などと呼ばれている〔恩賜財団母子愛育会編　一九七五　二九〇～二九四〕。このカナババの「カニ」は蟹説と瘡《かさ》説の二つがある。蟹説は蟹の脱殻作用に注目した見解で、瘡説は赤子の顔にできる瘡は除去すべきものという性格のものである。カニババは蟹の胸味噌が胎便によく似ているところからの命名ともいわれている〔近藤直　一九八二　六～三七〕。

②　七日目の習俗

生後七日目と葬送儀礼の七日目を比較してみる。産育習俗としてのオシチヤ（お七夜）は、生後七日目である。この日に産婆を招待し、赤飯を炊いて産婆に食べてもらった。また、この日に名前を付け、半紙に名前を書いて神棚に貼った。七日を過ぎると、嫁は炊事番をしなくてはならなかったのでケガレ云々は言わなかった。

また、お七夜に着る着物のことをシチヤギモン（七夜着物）といい、嫁の実家では麻の葉の着物のほかに袷《あわせ》の着物と綿入れの着物を一緒に持ってきた。男の子は青色の麻の葉、女の子は赤色の麻の葉で、いずれも白地の模様である。ただし、男女の性別が分かる前に作るときは黄色の糸を用いた。黄色の麻の葉は男女兼用という考えがあった。

葬送儀礼においては、死んだ日の夕方から七日目まで死者供養をした。死者の浴衣を北向きに干して水を掛けるが、これを水掛け着物と呼んだ。浴衣は一週間ほど下げておき、下げられると後生がよいという。戦時中は衣類が不足していたので、この着物は誰かが必ず下げた。下げられないとよくないと言われ、近所の人に頼んでわざわざ下げてもらうこともあった。平成時代になってからは、水掛け着物の習俗は消滅している。

七日目における誕生儀礼と葬送儀礼の類似点といえば、着物が登場することであろう。すなわち誕生儀礼では初めて着る七夜着物、葬送儀礼の水掛け着物の浴衣である。誕生に際し、赤子を包む着物の柄である麻の葉模様はケガレの付着を除けるための魔除けである。一方の水掛け着物は、水をかけることによってケガレを取り除いていこうとするものであるが、両者はケガレの除去という点で類似している〔赤田　一九八四　九二〕。

③ お宮参りとオタナアゲ

誕生儀礼におけるお宮参りと葬送儀礼における四十九日法要《しじゅうくにちほうよう》がある。お宮参りは男の子が生後二一日目、女の子が生後三一日目と若干日にちが異なるが、初めて赤子や産婦がお宮に参ることのできる日であり、忌み明けを象徴する日に位置づけられる。

死後四九日目をオタナアゲ（お棚上げ）といい、飾り付けてあった祭壇を片付ける日である。近親者はもちろん、隣組・親族が集まり、僧侶に読経をしてもらう。この四十九日の法要で供養が一段落するが、これは忌み明けを意味する。

　食い初めは、上三林本郷では生後一一〇日目に行う。このときは実家の両親を呼んで祝った。小石を膳に付け、歯が丈夫になるようにと食べさせる真似をした。食い初めの期日は地域によって異なるが、儀礼の内容は同じである。一方の葬送儀礼では百か日には僧侶が来て読経をし、親戚を呼んで供養をした。赤子にとっての両親に対し、死者にとっての僧侶という図式が成り立つであろう。

産育儀礼と葬送儀礼の類似性

　本調査における産育儀礼と葬送儀礼の対比を示したものが、図「産育儀礼と葬送儀礼の対比（館林市上三林、下三林地区）」（次頁）である。産育儀礼における妊娠五か月目の帯祝《おびいわ》い儀礼が、来るべき「いのち」の誕生を予測させるのに対し、葬送儀礼のカラス鳴きや予兆や知らせは、来るべき死を暗示していると言えよう。そして、私たちは誕生後のカナババと呼ばれる黒い胎便と死の間際に出る黒い便が類似していることに気付く。産まれてすぐに赤子を抱くが、亡くなっていく人も抱かれたがるものだ、と言われる。これは歳を取ると赤子のようになるという伝承と無関係ではない。誕生からの成長段階と、死を迎えてからの時間の経過にちりばめられた儀礼の対応はよく似ているのである。

　産育儀礼の産湯《うぶゆ》と産着《うぶぎ》に対応するのが葬送儀礼の湯灌《ゆかん》と死装束《しにしょうぞく》である。生まれてすぐ、赤子をぼろ布に包む民俗事例は、湯灌後に白装束を着せる形態に似ており、生後七日目のお七夜と死

産育儀礼	期日	葬送儀礼
腹帯	5か月戌の日	
		（予兆・知らせ・カラス鳴き）
（カナババ）		（黒い胎便）
誕生	0	死
（産飯）		枕飯・枕団子
産湯		湯灌
（産着）		（死に装束）
お七夜	7日	初七日
（七夜着物）		（水掛け着物）
オビヤ	21日	
お宮参り	31日	
	49日	オタナアゲ
食い初め（両親）	100日	百か日（僧侶）
初節供		
初山（6月31日）		新盆（8月15日）
お誕生	1年	1年忌
七五三	3年	3年忌
	7年	7年忌
厄年（19・25・33・42）	33年	33年忌（生き塔婆）

図　産育儀礼と葬送儀礼の対比
（館林市上三林、下三林地区）

後七日目の初七日も対応している。この期間は産育儀礼では産婆に毎日産湯を浴びせてもらっている。一方、葬送儀礼では主屋《おもや》裏手の陽の当たらない場所に死者が生前着ていた浴衣を北向きに干す。この浴衣に家族が初七日まで毎日水を掛けた。この着物を水掛け着物という。日にちの対応だけでなく、七夜着物と水掛け着物という衣装を用いる対応も見られる。生後及び死後七日間という期間は、ケガレの除去に必要な期間と考えられていた。

オームス・ヘルマンは、生後七日目を浄化の中間段階と考えた。誕生は子と母にケガレを生じ、死は死者と遺族にケガレを生じさせるという。子と死者は七日目を経て、お宮参り・四十九日供養の儀礼を済ませて浄化する。母や遺族は一〇〇日目の食い初め・百か日の儀礼を経て、ケガレから解放されると考えたのである〔オームス　一九八七　九七〜九八〕。誕生におけるケガレについて、赤子のケガレと母親のケガレを別のものとして考察した点が特徴である。

誕生儀礼のオビヤには、赤子は嫁の実家から贈られた産着を着てお宮参りをするが、これは赤子とその母が晴れて氏神に参詣できる機会である。オビヤはウブ明きの訛《なま》りであり、ケガレが無くなり忌《い》みの期間が明けたことを意味すると考えられた。死後四九日目に行われるオタナアゲも同様のもので、肉魚などの生臭を食べてもよいというのは忌み明けを象徴するものと言えよう。さらに産育儀礼では、生後一〇〇日前後の食い初めがあり、葬送儀礼における百か日の儀礼が対応している。その後の儀礼は少しずつ間をおくことになるが、産育儀礼では初節供《はつぜっく》、初山《はつやま》、お誕生があり、葬送儀礼の新盆《あらぼん》、一年忌がそれに対応する。その後は産育儀礼では七五三《しちごさん》の祝い、葬送儀礼では三年忌、七年忌が続く。

近代社会の「家」・先祖

近代日本における「家」は、明治三十一年（一八九八）施行の明治民法で戸主の地位と財産に関する家督相続と戸主以外の者の財産に関する遺産相続とが区別されていた。しかし、新民法で「家」制度は廃止され、法制上は遺産相続だけになり、諸子均分相続が原則となった〔中込　一九八六　四七〕。

本調査地では、長男相続が行われてきた。出産にあたって、妊婦やその姑らが十九夜堂にお参りして白いオケサを借りて男子が生まれることを祈願した事例や女の子を続けて出産した人が肩身の狭い思いをし、三人目にようやく男の子が生まれたときの喜びを語る事例は、家を相続するのは男子という大前提があったことを示している。これらを見ていくと、昭和二十二年(一九四七)に新民法が公布された後も、昭和三十年代の高度経済成長期までは長男相続が暗黙のうちに了承されていたことが理解できる。

旧民法下では、長男は単に家の財産を相続するだけでなく、必然的に墓地や位牌なども管理することになった。法律上の祖先祭祀権《そせんさいし》は長男に帰属しているのである。そこで近代日本における祖先祭祀の問題が生じてくる。家の先祖とは何か。柳田国男は『先祖の話』で先祖を二つに分けた。一つは、家の創設者、つまりただ一人の人が先祖であり、もう一つの先祖は、自分たちの家で祀らなければどこもほかでは祀る者のない人の霊をいう〔柳田　一九六九　七〕。

社会学者のR・P・ドーアは、柳田のいう後者を「先祖ボトケ」と「近親ボトケ」に類別した。先祖ボトケは先祖に対する恐れ、敬意、尊敬が混じったもので、そこには亡くなった人の印象はかなり薄れ、先祖一般になり下がっている。それに対し近親ボトケは、ついこの間まで生きていた姉や弟など記憶が鮮明な家族をさすという。このようにドーアは記憶の濃淡を基準として分類を試みた〔R・P・ドーア　一九六二　二六〇〕。一方、伊藤幹治は、先祖について「没人格的先祖」と「人格的先祖」の二つに分類した。没人格的先祖とは、死者が年忌法要《ねんきほうよう》を重ねるに連れて次第に個性を失ってゆき、最終的には霊魂の集合体の中に融合していった先祖を指している。

これは先祖代々とされるものである。一方の人格的先祖は、家の創設者を指し、創設者は子孫によってその名を記憶されるという〔伊藤　一九八二　一六五〜一六九〕。

現在、先祖祭りを行っているのは、上三林のＳ一族だけである。Ｓ家は元は武士で、千葉からやって来て上三林に土着したと伝える。本家に伝わる家宝の刀が火災で焼失してからヤリキサマ（家刀宮）を祀った。石祠には嘉永五年（一八五二）の年号が刻まれる。毎年旧暦十一月十六日、本家に集まって先祖祭りをしていたが、近年は料理屋などで行っている。各家から位牌を持ち寄り、参加者が線香を手向けて供養する〔青柳智之　二〇〇五　一〇二〕。この場合の先祖というのは、「先祖代々を祀る」と参加者が語るように、伊藤の分類で言えば「没人格的先祖」にあたり、土着した初代あるいは家の創設者ではない。本調査地において、多くの話者が語る先祖とは、話者の記憶が及ばない人たちの霊魂を指している。三十三年忌の生き塔婆《とうば》を作ると、仏様から神様になるというが、生き塔婆をこしらえる場合、その対象者からみれば孫の世代が祀ることになり、彼らには祭祀対象者は見たこともなく記憶もない場合が少なくない(6)。

死者のたましいの記憶

「いのち」には限りがあり、いずれは死ぬ。その人が死んでからも生きていたころのことを思い出したり、あるいは忘れないようにすることが行われてきた。それは死後の年忌供養であり、墓石や位牌祭祀に連なる。人生儀礼については、孫の命名に祖父母の名前を一字用いるなどの祖名継承が行われているのがこれに当たるだろう。また墓石や位牌は、死者個人を記憶させる装置として重要な役割を果たし、この記憶装置によって次世代につなげることが可能になる。この場合、家制度を視野に入れて考えるべきであろう。なぜならば墓や位牌を守るのは家族であり、家が連綿と続くことを期待したのは先祖である。祖先崇拝は、家の記憶装置と密接な関わりを持っており、死んでも自分を忘れて欲しくないと思い、死後は自分が先祖になると考える意識に似たものがある。(7)

先祖の霊は、子どもたちによって供養される。そして、子孫が供養するためには家の永続が図られねばならない。死後に祖霊として祀られることが幸福であるという思想が、日本人の先祖観あるいは人生観を形成してきた。そのために祖霊と子孫の関係が繰り返し確認されてきたのである。年中行事においては、盆の先祖迎えや彼岸の墓参りのように毎年反復されている。盆行事は、先祖観を考察する上で重要な行事であると言えよう。

まず第一に、盆迎えに興味深い事例が見られる。上三林新田のＹＴさんによると、盆迎えは共同墓地へ行き、石塔に背中を向け、「お迎えに来ました。ご先祖様、どうぞおんぶしてください」と語りかけ、迎えに行った者全員が背負う真似をした。このしぐさは墓地の場所だけで、家に向かう道では普通に歩くという。そして家に到着すると縁側から上がり、盆棚の前で「さあ、家に着きましたよ」「どうぞお上がりください」などと言いながらご先祖様を下ろす真似をする。盆迎えに行く対象はあくまでも「ご先祖様」である。(8)

第二に、本調査地を含む館林市全域とその周辺にあたる邑楽館林地方に顕著な盆行事の一つに

「仏の野回り」と呼ばれる慣行があった。八月十五日の朝、主人が先祖様に農作物の出来具合を見てもらうために自分の家の畑や水田を見せて歩いた。家によっては畑から大豆や稲をとってきた。第三に、盆送りのときにナスやキュウリで馬をこしらえているが、先祖様はこの馬に乗って帰ると伝えている。

「家」における個人の位置

時間の経過とともに成員の死去、婚出、出生、婚入などによって、家族の構成員に変化が起こるが、その変化にはある程度の周期性が見られ、「家の周期」と言うべき変化が存在している。「家」を構成する成員は個人であるが、民俗学における「個人」とは、家族の一人ひとりの構成員を指している。個性を持ったリアリティーあふれる個人のことである。たとえば、個人史の聞き書きを対象とした話者は、婚家に嫁いでまもなく妊娠し、十九夜様に白いオケサ（話者はタスキと呼んでいた）を借りに行っており、最初から何のためらいもなく家の相続者は男子と決めているのである。結果として男子が出生したので安心したという。続けて女子を産んだある話者が肩身が狭かったと語るのに比べると、まずは一安心という気持ちが強かったようである。

出産の場は、本調査地においては婚家《こんけ》であった。群馬県内には長子は実家で出産するという事例が多いが、上三林本郷では、長子も婚家で産んでおり、嫁の母親はお七夜まで婚家に泊まりに来て嫁の世話をした。七日間ずっと泊まるのではなく、途中いったん家に戻ったりする。嫁の世話だけでなく、家族たちの食事の世話をする場合もあったといい、まさに嫁の代わりという感覚で手伝いに来ていた。

嫁は母になり、そして息子が嫁を迎えると姑と呼ばれる立場になる。一人の女性は時間の経過の中で、その役割が変化していく。男性にあっても同様であるが、女性の場合は特に嫁入りという大きな変化を経験する。民俗学的には、この嫁入りは実家と婚家の習俗差を自覚することになる。婚家に早く馴染むため、舅や姑から家の伝承を聞き、家の味を学ぶなど、いわゆる家のしきたりを学習してゆくが、その際には実家との比較を無意識に行っている。

まとめと課題

これまで群馬県館林市の一地域における誕生と死に関わる聞き書きの成果を、「いのちの民俗誌」という枠組みの中で分析と考察を加えながら紹介してきた。本章のような記述のスタイルは、従来の民俗調査報告書の体裁に慣れた立場から見ると、ずいぶん変わっていると感じられるかもしれない。それは聞き書きで得られた民俗事象を単に項目的に記述してゆくのではなく、いったん私自身のフィルターを通して改めて吐き出すという記述方法を採っているからである。そのフィルターとは、本稿を貫いている概念である「いのち」という大きな枠組みである。本章では、誕生儀礼から死の儀礼に向かう「いのち」について、①認識、②選択、③保護、④強化、

⑤更新、⑦危機、⑧諦念、⑨供養、という流れの中で、身近な民俗事象を捉えようと試みた。

繰り返すが、話者から得られた伝承資料というのは、従来の民俗調査と何ら変わることはないけれども、従来の記述と異なるのは、「いのち」概念を援用して記述しているためである。「いのち」概念を活用すると、新たな通過儀礼研究の将来的な見通しがくっきりと見えてくるように思われる。本章は、「いのち」概念の有効性を実証すべく、誕生と死の民俗事例における民俗誌としての試論であるが、ある一定の人生観や人生軌跡を提示する方法もあわせて提示することができたと考えている。

個人の一生は誕生に始まり、成長、結婚、父母になること、厄年・長寿の祝い、死という階梯《かいてい》を歩むが、その節目には儀礼がいくつも組み込まれている。誰もがそれらの儀礼を行うわけではないが、どうしてもその儀礼を経ないといけないという中核になるものが存在しているらしい。その点に注目しながら、個人の生活史と通過儀礼、世相などを組み合わせて考察してみることは有効な視点であると思う。しかし、これは今後の課題である。

本章では、館林市における一地域の調査データを素材に、そこに生きる個人が自分たちの生活している地域社会における民俗事象をどのように捉え、あるいは考えてきたかに注目した。そして人々はそれらの知識をどのように後世に伝えていこうとしているのか、という問題意識のもとに民俗調査の成果をまとめ上げることに務めた。

《注》

(1) 湯川洋司は「伝承母体論とムラの現在」の中で、伝承母体論批判として個人研究の意義について、岩本通弥や安井眞奈美の研究を紹介しながら、個人に注目することの重要性を指摘した〔湯川　一九九八　一五〜一八〕。さらにこの考えを敷衍《ふえん》したのが中野紀和である。中野は「民俗学におけるライフヒストリーの課題と意義―祭礼研究との関連から―」で、個人の営為に注目する〔中野　二〇〇三　三〕。

(2) 上三林新田の共同墓地は松の木堂と呼ぶ。この集落は耕地整理が早く共同墓地化も早かった。死んでからは皆平等という精神に基づく墓地整理で、墓地内では墓石の高さは決められていた。少しでも墓石の高さを変えてはいけないという規制力があるが、最近は決まりを守らずに墓石の高さを変えてしまう家も少なからず出ている現状であるという。

(3) この質問は「かつて妊娠五か月目の戌の日に、念仏講のおばあさんたちに家へ来てもらって、安産の念仏を上げて腹帯を巻いた」という記述〔館林　二〇〇五　一四〕を確認するものであった。話者が昭和二十三年（一九四八）に上三林新田へ嫁いできたときには念仏講はなかったという。

(4) 私は、平成十五年（二〇〇三）六月二十四日、三野谷公民館主催の三野谷高齢者教室で「長寿と厄年」と題した講演を行ったが、その際の受講生のほとんどが長寿銭の存在を知らなかった。平成十七年（二〇〇五）八月の調査で、上三林本郷の葬式を含め、館林市内の葬式で長寿銭を三つもらった人から話を聞く機会を持った。二年間に長寿銭習俗が急速に伝播していることが分かる。

平成十七年（二〇〇五）五月に上三林本郷で長寿銭が出された。百二歳で亡くなったEさんの葬式で、祝封筒に百円硬貨が入った長寿銭が配られたのである。E家は田植えの時期で多忙だったので、百二歳のおばあさんを介護施設に一日だけ預かってもらうため、家族が連れて行った。施設に入ろうとしたら腕に抱かれたまま亡くなる大往生であったという。この葬式は農業協同組合が担当し、長寿銭をもらった人の多くが仏壇に上げている。

（5）宮田登は「生児の不安定な霊魂がしだいに安定化するプロセスは、人間の成長過程の重要な折り目に位置づけられた儀礼となって表われているが、一方でこの生の儀礼に対比して、死者の霊が、死後しだいに安定化して祖霊に昇華する過程が存在することも、近年明らかにされてきている。生と死は、霊魂の存在が深くかかわっており、一見かけ離れた関係のように見えても、深層の部分で強く結びついていることを示している」と述べ、生と死の儀礼相互の対比を指摘するとともに霊魂の存在に注目した〔宮田　一九八三　九九〕。

（6）死者の記憶を持つのは、実際に生活の時空間を共有した人たちに限定される。たとえば、よちよち歩きを始めたころに亡くなったおじいさんのことを孫は記憶していないが、十代であれば鮮明に覚えているだろう。その孫が成人し、おじいさんの三十三年忌供養を済ませるころにはおじいさんを知る人は年々減っていく。曾孫たちは、墓石に彫られた名前を目の前にして、生前のおじいさんを知る人から話を聞いて、初めてその人となりを知るのである。

（7）柳田国男『明治大正史世相篇』に、門司で冬の寒い雨の日、九十五歳になる老人が警察に保護された話が載っている。老人が背負っていた風呂敷包みの中は四十五枚の位牌だけであった。これについて柳田は、どうしても祀らねばならない祖霊があったとして、次のように述べた。

《我々の祖霊が血すぢの子孫からの供養を期待して居たやうに、以前は活《い》きた我々も其事を当然の権利と思つて居た。死んで、自分の血を分けた者から祭られねば、死後の幸福は得られないといふ考へ方が、何時の昔からとも無く我々の親達に抱かれてゐた。家の永続を希ふ心も、何時《いつ》かは行かねばならぬあの世の平和のために、是が何よりも必要であつたからである。》〔柳田　一九九八　五〇七〕

これこそ祖先崇拝の願望であり思想であり、多くの日本人が持ち伝えた生死観に通底するものである。さらに柳田は『先祖の話』で、先祖になるという老人のことを記録している。東京都町田市に住む越後出身の老人が、商売をしながら六人の子どもを独立させることができたので、これから一族の先祖になるのだと柳田に話したところ、柳田はその話を家永続の問題として、日本人の死後のあり方、すなわち霊魂の永続性との関連で理解しようとした〔福田　一九九二　一一二〕。

（8）下三林のSA家では、現在も盆迎えに先祖を背負う真似をしている。先祖を背負う真似をする習俗は、この地域で比較的広く行われる民俗慣行である。SE家は、釈迦堂に所在する墓地へ「先祖様」を迎えに行くという。このときに「じいちゃん、ばあちゃん、ぶっちゃらせ（おんぶしますよ）」と言いながら参加者全員が背負う真似をして帰って来り、家族は縁側から上がる〔青柳　二〇〇五　一一九〜一二〇〕。このときは「仏様」と言わないで「先祖様」と呼んでいるが、実際に声を出して呼ぶのは「じいちゃん、ばあちゃん」だけであるが、このじいちゃん、ばあちゃんが先祖一般を代表していると理解できる。

《参考文献》

青柳智之　二〇〇五　「信仰と行事」　館林市史編さんセンター編　『水と暮らし―館林市上三林・下三林地区を中心に―』　館林市

赤田光男　一九八四　赤田ほか『日本民俗学』　弘文堂

板橋春夫　二〇〇七　『誕生と死の民俗学』　吉川弘文館

板橋春夫　二〇〇八　「通過儀礼の新視角」『国文学解釈と鑑賞』　七三巻八号　（特集フォークロア研究の最前線）　至文堂

伊藤幹治　一九八二　『家族国家観の人類学』　ミネルヴァ書房
岩本通弥　一九九八　「民俗学における『家族』研究の現在」『日本民俗学』二一三号　日本民俗学会
大藤ゆき　一九八〇　「生と死の儀礼―その対応について―」『民俗学論叢』二号　相模民俗学会
オームス・ヘルマン　一九八七　『祖先崇拝のシンボリズム』　弘文堂
恩賜財団母子愛育会編　一九七五　『日本産育習俗資料集成』　第一法規出版
近藤直也　一九八二　『祓いの構造』　創元社
A・V・ジュネップ　一九七七年　（一九〇九年）『通過儀礼』（綾部恒雄・綾部裕子訳）　弘文堂
新谷尚紀　一九九五　『死と人生の民俗学』　曜曜社出版
館林市　二〇〇五　『水と暮らし―館林市上三林・下三林地区を中心として―』（館林市史調査報告書民俗1）　館林市
館林市教育委員会・みのや民俗調査員会　一九八五　『みのやの民俗』　館林市教育委員会
館林市立図書館編　一九八一　『大島村・三野谷村・渡瀬村郷土誌（館林双書十一巻）』　館林市立図書館
ドーア・R・P　一九六二　『都市の日本人』　岩波書店
中込睦子　一九八七　「家族と親族」　上野和男ほか編『新版民俗調査ハンドブック』　吉川弘文館
中野紀和　二〇〇三　「民俗学におけるライフヒストリーの課題と意義―祭礼研究との関連から―」『日本民俗学』二三四号　日本民俗学会
湯川洋司　一九九八　「伝承母体論とムラの現在」『日本民俗学』二一六号　日本民俗学
福田アジオ　一九八四　『日本民俗学方法序説』　弘文堂
宮田　登　一九八三　「誕生儀礼」　福田アジオ・宮田登編『日本民俗学概論』　吉川弘文館
柳田国男　一九六九　『定本柳田国男集』　一〇巻　筑摩書房
柳田国男　一九九八　『柳田国男全集』　五巻　筑摩書房

コラム

隠居と定年

隠居の意味

日本人の多くは慣習や制度によって一定の年齢で老後の生活に入る。その生活を一般に「隠居《いんきょ》」と呼ぶ。六十一歳の還暦《かんれき》祝いには赤い頭巾とチャンチャンコを着た。還暦は本卦還《ほんけがえ》りといい、老人が子どもに生まれ変わる年という意味である。隠居は、家長が老後にその地位を次代の相続人に譲り引退することで、通常は家長《かちょう》が死亡したときにその地位が譲られる、いわゆる「死に譲り」が多い。この形は東北地方に広く分布する。

隠居という言葉は、落語の中で「横丁のご隠居さん」という人物があるが、人生の第一線からは退いたが、いくらかの資産を持ち、悠々自適《ゆうゆうじてき》の生活を送る楽《らく》隠居の老人をイメージしている。現代社会は多忙であるからこそ、近世の楽隠居のあり方は理想的な人生設計の一つに考えられている。隠居は相続と表裏の関係をなす行為で、生き譲りの習慣が一般的でない社会では、老衰《ろうすい》、病気または家庭の不和などの特殊事情によって初めて隠居が形成される。

隠居制の形態

わが国の村落社会では昔から隠居慣行が存在した。それは西南日本に広く分布する慣行で、次男や三男を連れて両親が分家するもので「隠居分家」である。生活の分離は食事、住居、財産など広範囲に渡る。つまり住居を何らかの形で分離するのが隠居制の基本であり、この形態は家族単位を重視したものと考えられる。隠居制は、別居、別財、別食という慣行がみられることから、「父子二世代夫婦不同居」の原則があるとされる。一家の中に父母と息子夫婦の同居を避けようとし、隠居分家慣行のある地方では寝室は一つしかない。隠居制度が慣行として存在しているのは西日本で、東日本は希薄であり福島県・茨城県の一部に分布する。

近世後期以降、老人の家族内における位置づけは二つに分かれる。一つは東北地方のように、最後まで同一世帯の中にあって生活も家計も共にするタイプ。もう一つは隠居型と呼ばれ、一定年齢に達するか、初孫の誕生を契機に戸主権と主婦権を息子夫婦に譲って世帯を別にするタイプである。

隠居型の典型は同一敷地内の別棟《べつむね》に移って、炊事・洗濯・寝食を息子夫婦とまったく別にするというものである。この別棟を「隠居屋」と呼ぶ。家計を別にするための耕地の分与があり、それを「隠居田」とか「隠居畑」などと呼んでいる。老後の生き方を考える場合、伝統的な隠居慣行をみてゆくと、現在の高齢社会のなかにおいても、別居、別火、別財というきわめて合理的な習慣は参考になる。

定年の意味

定年は、明治期の陸海軍で「現役定限年齢」を設けたことに由来し、定年はこの略語である。定年制は明治の陸海軍から始まり、定年と停年の両方の用語が使われる。停年はもともと、定年進級の制度であったものが、後に定年退職の制度へと変化した。

定年制の普及に伴って、退職後の生活保障のための経済的方策の一つとして国民皆年金体制ができあがるのは、昭和三十六年のことであった。

定年が企業社会の中で大正末年から昭和にかけて定着するが、ちなみに昭和八年（一九三三）の調査では企業の四二％が定年制を持っていた。当時の定年は五十歳であった。一九八〇年代には定年制を持つ企業は九〇％になる。定年の年齢も五十歳から五十五歳、六十歳となった。

《参考文献》関沢まゆみ　二〇〇三『隠居と定年―老いの民俗学的考察―』臨川書店／加藤秀俊　一九九五『人生のくくり方―折目・節目の社会学―』日本放送出版協会／波平恵美子　一九九九『暮らしの中の文化人類学・平成版』出窓社

第3部 あやかりの習俗

「五十五の団子考」は、数え五十五歳で団子を食べる習俗の研究である。五十五の団子という局地的分布を示す民俗事例について考察を進めるために、厄年と長寿儀礼の関連から問題点を探った。年齢や定年などを考える場合に大変興味深い事例であり、あわせて長寿とは何かを考えさせてくれた。

「葬式と赤飯」は、全国に分布する葬式における赤飯の使用例の紹介と分析である。葬式に赤飯を出す、と聞いて常識を疑う人が大勢いるだろう。しかし、葬式に赤飯を用いる地方は意外と多いのである。常識と民俗慣行の関連を考える際の面白いテーマであり、ハレとケガレの問題を考える上でも重要な習俗である。

「長寿銭の習俗」は、葬式に参列した際に紅白のポチ袋をもらって、どうすべきかと悩んだのが研究の契機である。長寿銭は新しい習俗であり、現代の高齢社会を象徴する習俗でもある。長寿銭に関する民俗研究は、身近な疑問解決に役立つ民俗学の実践である。

長寿夫妻。昭和 37 年（1962） 4 月 29 日撮影。群馬県山田郡大間々町桐原（現みどり市）

五十五の団子考

厄年と長寿儀礼の民俗

問題の所在

私は平成十五年（二〇〇三）、群馬県館林《たてばやし》市上三林《かみみばやし》地区において初めて「五十五《ごじゅうご》の団子《だんご》」習俗の聞き書きを行った。[1] 私自身がその習俗の年齢に近づいていたこともあり、興味深く聞いたことを覚えている。調査の過程で、この習俗は比較的新しいと直感し、現在ならば習俗の発生や伝播《でんぱ》について明らかにできるのではないかと思った。民俗学では六十一歳の還暦《かんれき》、七十歳の古希《こき》、七十七歳の喜寿《きじゅ》、八十八歳の米寿《べいじゅ》などを「年祝《としいわ》い」と称する。本稿で考察の対象とする「五十五の団子」は、ある地域では四十二歳の厄年《やくどし》と同様に厄年と認識しているが、年祝いと認識している地域もある。

本稿では、厄年と年祝いの境界に位置づけられる「五十五の団子」習俗の性格を検討することが目的であるが、検討の過程において必然的に厄年と年祝いの概念を再考することになる。

五十五の団子（写真提供　館林市史編さんセンター）

1 厄年の定義

厄年の基本と並び年

人はいつも健康であるとは限らない。風邪だと思っていたら肺炎になったり、ふとしたことから怪我をしたり、病気や事故は思わぬときにやってくる。一般には加齢により体力が衰えるから病気になりやすくなり、人々は怪我や病気などの災厄から逃れようとする。もっとも危険と考えられた年齢が男性二十五、四十二歳で、女性は十九、三十三歳である。その年を厄年といい、災厄《さいやく》から逃れ慎むための各種儀礼や行為が現在も広く行われる。

『塩尻《しおじり》』(江戸中期の国学者・天野信景《あまのさだかげ》著)巻七一には「是は我が俗にして四二死の言、三三さんざんの言、なるより甚忌し」とある。『安斎随筆』(江戸中期の故実学者・伊勢貞丈《いせさだたけ》著)巻二八には「十九は重苦、廿五は五々を二重後ととりなして死後の事として忌む、三十三は三三と重なる故散々と取りなし忌む、四十二は四二とつつく故死と取りなし忌むありらちもなき事なり」とあり、語呂合《ごろあ》わせではあるが、男性の二十五歳は若者組の終了と結婚の時期にあたる。四十二歳は村の役職に就き始める時期でもある。一方、女性の十九歳は婚期にあたる。三十三歳は子育てが一段落する時期であり、いわゆる主婦権を取得する時期にもあたっている。なお、女性の三十三歳には嫁の実家から鱗《うろこ》の帯が贈られた。これは災厄からの脱皮の意味がある。いずれにしても、厄年としての女性の三十三歳、男性の四十二歳というのは男女それぞれ精神的、肉体的にも一つの転機である。そこで年齢的な意味を考えなくてはならないであろう。

厄年の基本には十二支の考えがあり、生まれ年の干支《えと》を前にして、それまで身に付いたケガレや災厄を祓《はら》うものであった。年祝いは十二年刻みで行う祝いで、沖縄地方では十三、二十五、三十七、四十九、六十一、七十三、八十五、九十七歳を祝っている〔郷田　一九五九　二七五～二七六〕。厄年と年祝いは一連の習俗として検討すべきものであるとされる〔井之口　一九七五　一一五～一四二〕。そして、年祝い習俗の多くは、長寿を祝う儀礼であるから現代の高齢社会にふさわしいと言えよう。

「並び年」は、二十二、三十三、四十四、五十五歳で、これを「重ね年」とも呼ぶ。二十二歳が厄年の部類に入るのは、かつて葬式に使用されていた座棺《ざかん》の大きさが縦横二尺二寸であるから死を連想させる。また二×二＝四（死）という語呂合わせであるとも言われる。そのために二十二歳は結婚によくない年回りと言われ、数え二十二歳の女性は、その年に結婚することを忌み嫌われた。

厄年神役説

厄年に関しては、『民間伝承』九巻一号に倉田一郎が「厄年の問題」を、瀬川清子が「厄年について」を、それぞれ執筆した。倉田は、厄年がどうして災厄をこうむるべき年齢かという疑問に対して学問的解説が皆無であることから問題提起をした。まず、南島の年祝いが大陸から影響を受けた十二支の思想にもとづき、十二年目ごとに来る自己の生まれ年に祝っている事例を紹介している。倉田は、ヤクドシに「厄」の字を当てることに疑問を抱き、本来は「役」年であったと推測する。その理由として、六十一歳前後に当屋を務める例や四十二歳の者が神輿《みこし》を担ぐ例が多数あることを根拠にしている。厄年は、本来は一種の神役《かみやく》というべき重い役につく年、ないしはそのために物忌《ものい》みをなすべき年と考えられていたのではないかと述べ、厄払いは役年の解除を意味し、厄年祝いの酒盛《さかも》りは神役が終わったことを意味するものであると推論した〔倉田　一九四三〕。

また、瀬川清子は「厄年について」で、厄年の者が寺社に篭《こ》もったり参ったり、他家で行う事例などから、厄年における斎忌《さいき》の目的は個人であるが、これは公のための物忌みの当屋と本来は同じものではなかったかと推測する。厄年の行事が節分をはじめ冬至《とうじ》、大晦日《おおみそか》、初午《はつうま》と、いずれも季節の変わり目すなわち神を祭るべき日に行われているのは、単なる個人の災厄除けと見ずに村の公事と考えてみる必要があると主張する。

小正月《こしょうがつ》の晩、恐ろしい仮面をかぶって訪れる者もかつては厄落としのためにやって来たと考えられた。これらのことから厄年は神に近づく役目、つまり神の代理をする役目を持つ年齢であったことを暗示している。そして瀬川は「厄年の者は、司祭者であつたらう事を想像してみてはどうであらうか」と述べる〔瀬川　一九四三a　一六〕。さらに瀬川は『民間伝承』に「厄年の行事」と「厄年の忌と厄児」という論考を寄稿した。「厄年の行事」では、年重ね習俗と厄年の贈答が議論され、忌み明けの共食によってはじめて厄が逃れられるという〔瀬川　一九四三b　一五〕。「厄年の忌と厄児」では、いわゆる四十二歳の厄年の二つ児の問題を扱っている。四十二歳と三十三歳の厄年の子は捨て子にするという伝承があるが、その理由として厄年は人間の子を持ってはならない年であったと考えた。

期せずして倉田も瀬川も、厄年は神に近づく役目、神の代理をする役目をもつ年齢であったことを暗示すると述べ、どちらも神事奉仕のための「役」年であるとする「厄年神役説」を主張した。この見解が長く学界の通説とされてきた。

厄年俗信説

それに対し、井之口章次は「厄年俗信説」をとる。厄年の人が形代《かたしろ》を捨てることが厄年行事の基本形であるといい、厄年は信仰の零落《れいらく》したものではなく、初めから俗信であったと主張する。自分にふりかかってくるかも知れない災厄を多くの人に分散することで分担してもらう趣旨があったとする〔井之口　一九七五　一四一〕。餅や豆をまいて人に食べてもらうのは、共食することで厄を分散することになるという。

それに至る論証として、厄年役年説の難点をいくつか指摘する。第一に厄年の年齢が時代や地方によって実によく動いている点である。たくさんの厄年があるのでどれかが通過儀礼に結びついても不思議ではないという。厄年も通過儀礼の一つであるから、神事に関与する資格を得る年齢をそれほど小刻みに幾度も迎える必要はないと主張する。第二に厄年は男性だけでなく女性にもあることである。男性が神役になって物忌みすることはあり得るが、女性が神役であるような時代や社会があったとして、女性だけが神役になって物忌みするのなら話は分かるが、現実には男女とも並行して厄年があることである。第三に井之口はあらゆる習俗が社会的なものから個人的なものへと一直線の変容推移をたどってきたとする通説に疑問を投げかけた。

そして佐々木勝も、基本的には井之口説を継承する。厄年・年祝いの基盤に身祝《みいわ》いがあり、この身祝いの根本理念は生命力を更新して新たな一年を迎えることにあるといい、更新にはプラスの力を付与する意味と同時に、マイナスの力を除去するという両義性が認められるとした〔佐々木　一九八三　二〇七〕。また、宮田登は、厄年俗信説に理解を示しながらも、厄には神役としての「役」もあるとする二律背反性を認める立場をとる〔宮田　一九七九　一二〇〜一二二〕。

2　年祝いの定義

年祝いの定義

民俗学で用いる「年祝い」は一般の人には馴染みが薄い。「年祝い」の用語は、民俗学の学術用語であるが、『広辞苑』に「新年の祝いのこと」と説明される程度で民俗学の見解は載っていない。『日本民俗大辞典』では、佐々木勝が「特定の年齢に際してこれを祝うこと。特に長寿の祝いを指すことが多い。」〔佐々木　二〇〇〇　二一〇〕と執筆し、厄年に該当する年齢も含む概念と理解した。『郷土史大辞典』の「年祝い」の項には関沢まゆみが「一定の年齢に達したときに行う長寿の祝い。数え年の六一歳の還暦、七〇歳の古希、七七歳の喜寿、八八歳の米寿などについて用いられる術語である」と執筆した〔関沢 二〇〇五 一二六〇〕。

佐々木や関沢に先行する文献である『日本民俗事典』の「年祝い」を執筆した松岡利夫は、「生涯のうち特定の年齢にあたって息災を祈り祝うこと。六一歳の還暦、七〇歳の古稀、七七歳の喜寿、八八歳の米寿などをいい、近親の者が高齢者を祝福するとともに、長寿にあやかるための祝いとされている。しかし、本来は厄年と一連のもので、たとえば男の厄年という二十五歳・四十二歳には厄除けに招客して饗宴を張り、厄年変じて年祝いの大振舞になるという風に、長寿の年祝いにも厄落しやそのまじないの意味をもつところがある。ことに還暦などは厄年に含める地方と、年祝いに入れる地方とがあり、そのけじめが明瞭ではなく、微妙な関係があることが知られる。」〔松岡 一九七二 四九九〕と、その見解を述べる。松岡は、年祝いは広義には厄年も含まれるとし、特に還暦は厄年にも年祝いにも分類されることを述べている。

各種の年祝い

民俗学で「年祝い」といえば、古稀、喜寿、米寿、卒寿《そつじゅ》、白寿《はくじゅ》などを指す。還暦は、干支の一巡ということで、数え六十一歳に赤色の呪力を信じ赤のチャンチャンコなどを身につけて祝う。七十歳は古希で、杜甫《とほ》の詩「人生七十古来稀なり」に由来する年祝いである。七十七歳は喜寿という。俗に「喜の字の祝い」などと言われるが、これは「喜」のくずし字は「七」が三つ書かれた形態になることから付けられていた。火吹《ひふ》き竹《だけ》が贈答に用いられていた。火事のときに吹き返すと火事が延焼しない、耳の悪い人はこの火吹き竹で耳を吹いてもらうと治るという俗信が知られる。

八十八歳は米寿である。「米」の字をよく見ると八、十、八の組み合わせになっているのである。八十八歳になれば弥勒菩薩《みろくぼさつ》になれると信じられていた。弥勒菩薩は五十六億七千万年後に現れる救世主という。奈良県から和歌山県の一帯では、八十八歳の米寿の祝いをすると、その家ではその老人の手形を押したり、一升枡《いっしょうます》の形を書いた半紙《はんし》に、餅や赤飯《せきはん》を添えて近所親戚に配った。もらうと、その手形や一升枡の半紙は玄関に貼って門守《かどまも》りとした。これは相撲のファンが力士の手形を色紙に押してもらって飾るのに一脈通じるといわれる〔新谷　一九九五　一六三～一六四〕。井之口章次によれば、それらは二次的な変化で本来の意味するところは、火吹き竹にある節のように年齢を経てきたということであり、一升枡はこれだけの回数の米を食べてきた証拠物件であるという〔井之口　一九七五　一三二〕。その思考のほうが説得力があると思う。九十歳は卒寿で、九十九歳は白寿である。「百」の字にちょうど一つ足りない字の形となっている。

沖縄のカジマヤー祝い

沖縄は、長寿儀礼が盛んである。[2] 特に八十五歳の生年《せいねん》祝い、八十八歳のトーカチ祝い、そして九十七歳のカジマヤー祝い（風車）が近年盛大に行われる。年々華やかさを増しつつあるが、カジマヤーとは、一般には老人が子どもに立ち返ったという意味で、本人に風車を持たせる。本来は個人的な通過儀礼の祝いであったが、現在は何十台もの自動車を連ねて祝賀パレードが行われる地域社会の一大イベントである〔安達　一九九一　一七四〕。

しかし、太平洋戦争以前のカジマヤーは、前日にカタチヌメーウガン（枕飯御願《まくらめしうがん》）という儀礼を行うなど、数え九十七歳になった老人をあたかも死者のように扱った。数え九十七歳の当人に白衣の死に装束を着せ、枕元に葬式同様の枕飯を供え、家族や近親者がその周囲にすわって哀悼の意を込めて名前を三度呼んだ。人間の寿命は八十八歳が最高限度であるが、それ以上生きるとその分だけ子孫の寿命が縮まるという理由から模擬的葬送儀礼を行うという。周囲にいる者は、「寿命がつきたのだから昇天《しょうてん》してください」と言いながら子孫の繁栄を祈ったという。それから行列を組んで村中をまわるが、その際には七つの橋、七つの十字路を通過することになっていた。この行事は後生支度《ごしょうじたく》といい、すべて葬式と同じようにして、他の人々は途中道ばたでそれを見てはいけないといわれた〔源武雄・名喜真宣勝　一九七二　五一六〜五一七〕。

カジマヤーの祝いは、九十七歳の語呂合わせから九月七日に行う地方もある。また、正月の年日《としび》（自分の干支の一番最初の日）に行う場合もある。カジマヤーの祝いをするのは、新しく生まれ変わるという意味で、大宜味《おおぎみ》村では木製の小さな四輪車に乗せて墓地へ連れて行った。これまでの人生は終わってすんなり墓に入れるという。そして再び生まれ変わったので墓から連れて帰るが、その墓から帰るときの行列を人々は見てはいけない、見ると不運に見舞われるという。

カジマヤーの行列が、葬列の形態をとって墓場へ行くときに、七つの橋、七つの辻を通過するということは、九十七歳の人が新たな時空に入ることを暗示する。その人の人生を集約した時空間を通過したことを意味し、究極の段階で死の世界に入り、再びUターンして現世に戻ってくるということを儀礼化したものであると考えられている〔宮田　一九九九　一八〕。カジマヤーという言葉には「風車」という意味だけでなく、「辻」あるいは「道の交差点」という意味もある。

本来は、死の儀礼が伴っていたカジマヤーも、現在ではその部分が完全に欠落し、むしろ長寿を祝うことに主眼が置かれている。これは、長寿者の存在が地域社会全体に活力をもたらすという考え方に基づいている。カジマヤーの祝いをした翌年を「ハルヤク（晴れ厄）」といい、十二年ごとに巡り来る自分の干支は、厄年と考えられていたことを暗示している。

3　「五十五の団子」の諸相

厄年と年祝いの関係を考えるために研究史を概観してきた。厄年と年祝いは一連のものであり、カジマヤーの祝いが済んだ翌年を「晴れ厄」と称するのは、一般には年祝いとされる九十七歳のカジマヤー祝いは、沖縄の人々にとっては厄年と認識されていたことが分かる。これらのことからも、年祝いと言われる儀礼は、厄年に含まれると考えたほうがよいのであろう。

さて、論考「五十五の団子」を執筆した渋沢克枝によると、「五十五の団子」習俗は埼玉県東北部と群馬県東南部に分布しているという。(3) 数え五十五歳になると、厄を除けるために近親者が招いて五十五粒の団子を一人で食べる民俗事例が多く、これは、厄除けのために行うという。一方、この団子を食べると長生きをする、長寿の祝いであると説明する地域もあり、「五十五の団子」は年祝いの要素を多分に有する。つまり厄年・年祝いのどちらにも理解される伝承の多様性を認めるのである。

渋沢は、なぜ一部地域に分布するのか、誰が何のために団子を作るか、などの問いかけをしながら厄年型（群馬県に多い）、年祝い型（埼玉県に多い）、そしてその混在型という三分類を考え、その多様性は、この習俗が個人や親族によって執行される点にあるのではないかと考えた。さらに渋沢は、この「五十五の団子」習俗は厄年でも年祝いでもなく、重ね年という年回りの悪さを餅や団子で補強する意図があるとし、子が親を招待することに注目して世代交代の習俗の一例と考えた〔渋沢　一九九八　五〕。

ここでは、まず始めに群馬県の「五十五の団子」習俗の事例を紹介し、次いで隣接諸県の類例(4)行事を紹介したい。

【事例1】群馬県邑楽郡《おうら》板倉町《いたくら》

五十五のだんごといって、親が五十五才になった年に子が親を呼んで、だんごを五十五箇作って御馳走する（全部食べきれるように小さいだんごを作る）。呼ばれた親は何か持って行く。子は親にふんどしや腰巻を贈る。年を取って不始末をしないようにだという。

（西岡・北海老瀬）（群馬県教育委員会編『板倉町の民俗』群馬県教育委員会　一九六二年　四〇ページ）

【事例2】　群馬県邑楽郡千代田町《ちよだ》

五十五の団子　五十五才になると、一合で五十五個の団子をつくり、親戚を呼んで祝う。それを食べると長生きするという。一人で五十五個食べるともいう。（菅野）

一合の米で五十五個の団子をつくり、子供兄弟を呼んで、五十五才を祝う。（天神原）

親が五十五才になると、子供がだんごをこさえて親を呼んでごちそうする。秋の適当な日にする。一合の粉で五十五個の丸いだんごを作ってしょうゆをつけて食べるが、菓子屋でも小さいだんごを売っている。埼玉県から伝わってきて、戦後、途中からはやり出したもので、今の方が盛んにやっている。（赤岩）

（群馬県教育委員会編『千代田村の民俗』群馬県教育委員会　一九七二年　二〇八～二〇九ページ）

【事例3】　群馬県邑楽郡明和町《めいわ》

① 群馬県教育委員会編『明和村の民俗』

五十四歳になると、近くの親戚の者（兄弟とか子供）がその人を呼んで、米の団子を五五個つくって食べさせる。それは何が何でも食べてしまわないといけないから、小さい団子にする。五十五歳の厄を除いたことになる。五十六歳になると呼びかえして御馳走する。最近では子供たちが寄って御馳走する。

（中略）

元五十五歳になった人をその子どもや濃いシンセキが家によんで、小さな団子を五十五個作り茶椀に入れて食べさせる。厄をころがり出すように、という意味で、全部食べないとよくないという。厄を払うので早い方がいいとされ、正月頃行う。（南大島）

（中略）

親が五十五歳になると子供達が親を呼ぶ。子供のいない人は、友人、親戚、普段から懇意にしている人を呼ぶ。茶わん一杯に五十五個の団子を入れて全部たべる。「ダンゴになったかい」というのは五十五歳になったことをいう。（川崎・大輪）

（群馬県教育委員会編『明和村の民俗』群馬県教育委員会　一九八二年　二一九〜二二〇ページ）

② 明和村誌編さん室編『明和村の民俗』

五十五の団子　兄弟、親戚でよぶ。だんごを小さくまるめて五十五個、茶わん一杯程度食べる。五軒よばれた人もある。（斗合田）

近親者の人がやく年の人を呼ぶ。茶わん一杯程度米の粉で五十五の団子をつくる。のこしてはこまる。たりない場合は普通の団子をいくら食べてもよい。最近、よばれるのをいやがる人もいる。（南大島）

知人、親戚で呼んでくれる。団子五十五個おわんで一杯食べる。五十五才赤信号である。食い

きれるか否かは健康のバロメーターであるという。（大輪）

（明和村誌編さん室編『明和村の民俗』明和村　一九八一年　一二四ページ）

【事例４】　群馬県館林市渡瀬《わたらせ》地区

五十五の団子　親が五十五才になると、兄弟や、子供達がよんで、ご馳走をする。団子を小さく五十五個つくって、醤油を付けて食べた。（大新田）

ぼてぬき団子といって、近所の人や、親戚などに招待されて自分の年だけ団子をご馳走になる。大きいと食いきれないので、小さく丸めた。団子はもろこしを寒ざらしにして、粉にして作った。（上早川田）

（館林地方史研究会編『わたらせの民俗』館林地方史研究会　一九七七年　九二ページ）

【事例５】　群馬県館林市三野谷《みのや》地区

五十五のだんご　かぞえの五十五になると、子どもたちや、きょうだいが五十五のだんごをつくってごちそうしてくれる。だんごは米の粉でつくり、五十五このだんごが、一ッツパイの茶わんにもれるようにする。だんごは、しょい（しょうゆ）とあんこのものがある。仲人っ子や、近所の人がごちそうしてくれることもある。現在でもやられているところがある。

郵 便 は が き

料金受取人払

本郷局承認

1536

差出有効期間
2010年3月19日
まで

有効期間をすぎた
場合は、50円切手を
貼って下さい。

113 - 0033

（受取人）

東京都文京区
本郷2-3-10

社会評論社 行

ご氏名

（ ）歳

ご住所

TEL.

◇購入申込書◇ ■お近くの書店にご注文下さるか、弊社に送付下さい。
本状が到着次第送本致します。

（書名）	¥	（ ）部
（書名）	¥	（ ）部
（書名）	¥	（ ）部

●今回の購入書籍名

●本著をどこで知りましたか

□(　　　　　)書店　□(　　　　　)新聞　□(　　　　　)雑誌

□インターネット　□口コミ　□その他(　　　　　　　　　)

●この本の感想をお聞かせ下さい

上記のご意見を小社ホームページに掲載してよろしいですか?

□はい　□いいえ　□匿名なら可

●弊社で他に購入された書籍を教えて下さい

●最近読んでおもしろかった本は何ですか

●どんな出版を希望ですか(著者・テーマ)

●ご職業または学校名

（館林市教育委員会・みのや民俗調査員会編『みのやの民俗』館林市教育委員会　一九八五年　九二ページ）

五十五の団子　五十五才になると、親戚や子供たちが招待をする。米の粉で五十五個の団子をつくり、これを食わないとよくないといった。どうしても食いきれない時は、包んで持ってきて後で食った。団子はいっぱいつくり、その一部で五十五個の団子を小さくつくった。

（館林市教育委員会・おおしま民俗調査員会編『おおしまの民俗』館林市教育委員会　一九八七年　一〇六ページ）

【事例6】　群馬県館林市多々良《たたら》地区

五十五の団子　戦前はたいていの家でやっていたが、今はやる家とやらない家が半々位になる。今は団子は菓子屋に頼んで作ってもらう。小さく体裁よく作って、その場で喰いきれるようにしてくれる。五十五の団子は厄除けの意味があるといった。（木戸）

五十五歳になると、兄弟・親戚・知人などが五十五の団子といって、招待してくれた。団子は一合の米の粉で小さく喰いきれるぐらいに五十五個作った。だいたいその場で喰ったが、喰いきれない時は、包んでもらって家に帰ってから喰った。

五十五のだんごはやらない。昔五十五の団子に招かれて行ったら、間もなく身体の具合が悪くなり死んでしまった。それからは五十五の団子をやると迎えが早く来るといってやらない。親戚の家などもそれからはやっていない。

終戦の頃、懇意の家で五十五の団子をやった時、友達と一緒にまだ若かったけれどよばれて行った事があった。土産に腰巻をもらった。意味は今までの様にこれからも元気にとの事といった。ご馳走は天ぷら、うどんなどだった。（成島）

（館林市教育委員会・たたら民俗調査員会編『たたらの民俗』館林市教育委員会　一九八八年　一〇七ページ）

【事例7】 群馬県館林市六郷《ろくごう》地区

五十五の団子　数え年で五十五才になると、自分の子供達や親戚などが五十五の団子という事でがよんでくれた。むかしからやっている事で親戚などに五十五才になった人がいると、こちらでもよんでご馳走をした。たいていは夫婦二人をよぶのが普通だった。

団子は、五十五個を食いきれなければ悪いというので、よんでくれた家では出来るだけ小さく食いきれる量ぐらいの団子にまるめてくれた。秋になって、農家の仕事が一段落するとあちことの家でよんでくれるので、短い期間にまとめてよばれた。ご馳走は田舎のことなので、けんちんや、そばでも打ってくれれば上等のほうだった。

おふくろの実家とか、自分の妻の実家へよばれて行ったが、秋は庚申様もやらなくてはならないので何となく忙しかった。

（館林市教育委員会・ろくごう民俗調査員会編『ろくごうの民俗』館林市教育委員会　一九九〇年　八五ページ）

【事例8】 群馬県館林市郷谷《さとや》地区

① 五十五のだんご　兄弟や、親戚などに数え年で五十五歳になった人がいると、畑仕事がいくらか暇な時期をみて、昔は招待をして五十五のだんごの祝いをした。たいていは子供達が親をよんでくれるのが多かった。

よんだ家では、五十五個の小さなだんごを作り、その席で食いきれるように気をつかった。そのほかに土産のだんごは普通の大きさに作り持ち帰ってもらった。

五十五のだんごを子供と親戚でやってくれた。本当は子供がやってくれるものだといった。五十五歳くらいになると、子供もだいたい育て終りそれぞれ片づいた頃で、ちょうどよい時期だった。だんごは一杯の茶わんに小さく五十五個作り、それを全部食ってもらった。もし残った場合には家に帰ってから食ってくださいと、持ち帰ってもらった。本当はあてがわれたものだから、全部食ってもらいたいのだけれど、ほかのご馳走が食えなくなってしまうので、無理強いはしなかった。ほかに天ぷら・芋の煮っころがし・手打ちうどんなど、昔はコト日でもなければ食えない何よりのご馳走だった。

呼ばれて行く時には、手土産として砂糖折などを持って行った。相手方ではだんごや、うどんを土産として持たせてよこした。

（館林市教育委員会・郷谷民俗調査員会編『さとやの民俗』館林市教育委員会　一九九二年　九四ページ）

②最近では高齢化が進み、五十五のダンゴだから招待するといわれても有難くもあり、有難くもないという心境で、遅れてもよいといわれる。農作業が一段落し、叔父・叔母、または兄弟が五十五歳になると、実家で招待してくれたり、お互いに長寿を祝して呼びあった。小さいダンゴを、年齢の数だけ茶わんに入れて食べてもらう。

（館林市教育委員会・郷谷民俗調査員会編『さとやの民俗』館林市教育委員会　一九九二年　一二四ページ）

【事例9】群馬県太田市

①五十五のだんごについては、本市や邑楽郡地方に広くみられる習俗である。数え五十五歳になると、その子供たちが五十五のだんごをつくって、親の厄落しをしてくれるという習俗である。この習俗は、近年埼玉方面からはやってきた新しい習俗であるという。

（太田市編『太田市史通史編民俗上巻』太田市　一九八四年　一九ページ）

②本県では、東毛地方に限って、五十五のだんごの習俗がみられる。これも東毛全域ではなく、限定された地域においてみられるものであって、それほど古い習俗ではなく、ある時期に、埼玉県とか邑楽郡方面から伝えられたものともいわれている（古戸）。その内容は、五十五歳は最後の厄年だとして、親戚とか子供が、五十五コのだんごをつくって祝ってくれるという形を

とっている。以下具体例をあげてみる。（以下略）

（太田市編『太田市史通史編民俗上巻』太田市　一九八四年　二九五ページ）

③　五十五歳の親に、子供たちが中心になって五十五のだんごをつくって食べさせる習俗も、埼玉県に接する地区のみ限定されている。このことについては、比較的新しい時代に、埼玉方面から伝えられた習俗であるという伝承も持っている。

（太田市編『太田市史通史編民俗下巻』太田市　一九八五年　三三ページ）

【事例10】　群馬県邑楽郡大泉《おおいずみ》町

五十五歳になったとき、妻の実家によばれる。十一月三十日に、一合ぐらいの粉で団子をつくり、親が倅《せがれ》に食わせるもので、この団子を食べると厄がきかないという。なお、外に出た倅は、実家に帰って食べるものである。（古氷）

五十五歳になると、子どもたちが、米の粉の団子をこしらえてくれた。一合の米を粉にひいて、五十五の団子をつくった。子どもでなければ親戚のもの（本人よりも目下のもの）がやってくれる。しょう油団子とか、あずき団子にして食べた。これを全部食わなければいけないという。

日はいつでもよい。子どもが何人もいても、一カ所でやってもよかった。男女とも五十五歳のときにやる。団子のかわりに、酒を買ってもらう場合もある。（下小泉）

五十五歳になると五十五の団子といい、一合の米の粉で五十五個の団子をつくり、食べてもらうことを行なった。（上小泉）

一合の米でつくった粉で、五十五の団子をつくる。五軒の家で団子をつくって、別々によんでくれる。（古海）

（大泉町誌編集委員会編『大泉町誌上巻自然編・文化編』大泉町　一九七八年　一二八二〜一二八三ページ）

【事例11】　埼玉県北埼玉郡大利根《おおとね》町

五五歳になると「五十五の団子」を作り、近親者を招いて祝う。この団子は親元や子供が、茶碗一杯分の粉で団子を作り、砂糖醤油などをつけて本人が食べるもので、作った団子は食べ切るものだといわれている。

（大利根町教育委員会編『大利根町史民俗編』大利根町　一九九九年　五三八ページ）

【事例12】　埼玉県八潮《やしお》市

男は二五歳・四二歳、女は一九歳・三三歳・五五歳を厄年とする。それぞれに前厄・本厄・後厄があり、両三年間はいけないとされる。そのため厄年には、西新井大師や川崎大師に参って厄除けをする。当地から西新井大師は婦人の足でたっぷり一時間を要するが、一年間欠かさずこと

なくツキメーリ（月参り）する人もいた。（中馬場）

（八潮市編『八潮市史調査報告書2八潮の民俗資料1』八潮市役所　一九八〇年　八八ページ）

【事例13】　埼玉県行田市《ぎょうだ》

「五十五の祝い」または「五十五の団子」といって、親類や縁者の家に招かれて御馳走になり、そこで白米一合分の粉で作った五五個の小さな団子が出される。この団子は、本来その席で食べるべきものであるが、普通は頂いて帰り、自宅で本人だけで食べる慣わしがある。これはいよいよ長寿であることを祝うとともに、中風にならない呪いでもある。農村方面に多いが、市街地でも行われている。（行田市）

（埼玉県編『新編埼玉県史別編2民俗2』埼玉県　一九八六年　二二三ページ）

【事例14】　埼玉県北埼玉郡北川辺町《きたかわべ》

厄年は四二歳と五五歳で、四二歳にはただ厄年というぐらいで特に何もしない。五五歳のときは娘の嫁ぎ先などの親戚に呼ばれて行き、そこで御馳走のもてなしを受ける。このとき、茶碗一杯の米の粉を五五個に丸めた団子を食べる。（北川辺町柳生）

（埼玉県編『新編埼玉県史別編2民俗2』埼玉県　一九九六年　二二三ページ）

【事例15】 茨城県勝田《かつた》市（現 ひたちなか市）

厄祓い 今日、勝田市域では、はっきりと厄年としているのは、前述のように、男は二五と四二歳、女は一九と三三歳である。ただ東石川外野では、男の五五歳も厄年だといっている。厄祓いまたは厄落しといわれる儀礼は、二月一日におこなわれるのがふつうである。もっとも津田のように、一月一四日に禰宜を招い厄祓いをするという伝承もある。東石川外野でも、この日に餅をついたとき、イロリの四すみに餅をおき、これを「いいこと聞け、悪いこと聞くなの餅」と称している。厄祓いの意味にちがいない。

（勝田市史編纂委員会『勝田市史民俗編』勝田市 一九七五年 二三八ページ）

以上紹介してきた民俗事例から導き出せる「五十五の団子」習俗に見られる特性と言うべきものは次の通りである。

①「五十五の団子」習俗の対象年齢は、数え五十五歳の男女である。数え五十五歳になると、邑楽郡明和町などでは「団子になった」と表現することがある。

② 時期は、農作業が一段落した時期、いわゆる農閑期に行われることが多かった。邑楽郡大泉町のように十一月三十日と特定する地域もある。

③ 五十五の団子の対象者を招待して祝ってやるのは、たいてい兄弟や子どもであった。

④団子の作り方は、一合の米で五十五個の団子を作るもので、モロコシを材料にする地方もあった。味付けはあんこ、または醤油味というが、あんこが多数を占めている。

⑤五十五の団子の食べ方として、団子は食べきるのが原則であり、残してはいけないとされた。食べきれるようにできるだけ小さく作っておく。食べきれることが健康のバロメーターと考えられた。

⑥この習俗の意味するものは、「五十五歳は赤信号」「最後の厄年」と考えられるなど、厄を転がし出すようにする日であった。邑楽郡大泉町のように、親が倅に食わせるもので、この団子を食べると厄がきかないと伝承する地域もある。

⑦分布は、群馬県太田市、館林市、邑楽郡大泉町・千代田町・板倉町・明和町、埼玉県八潮市、行田市、北埼玉郡北川辺町、同郡大利根町、茨城県勝田市などから報告されている。

⑧発生・伝播に関する伝承として、埼玉方面を発祥地とする説がある一方、邑楽郡方面から伝播したとする伝承もある。(5)

⑨長寿を祝う場合がある。邑楽郡板倉町の「五十五の団子」習俗は、長寿の祝いという認識が高く、五十五歳の人の子どもが招待してくれ、その際に褌《ふんどし》や腰巻《こしまき》などの下着類が贈られた。

まとめと課題

本稿では、厄年と年祝いに関する研究史を概観してきた。繰り返しになるが、沖縄ではカジマヤー祝いが済んだ翌年を「晴れ厄」と称する。九十七歳のカジマヤー祝いは、沖縄の人々に厄年と認識されており、年祝い習俗は厄年に含まれると考えたほうがよいのであろう。これは井之口章次が指摘するように、厄年と年祝いは一連のものであるという証左でもある。一般の人に理解しにくい「年祝い」という学術語について、今後は極力使用しないで、代わりに「長寿儀礼」や「長寿の祝い」などの用語を使うことを提案したい。

さて、本稿で取り上げた「五十五の団子」習俗は、数え五十五歳の男女が食べる五十五個の小粒の団子で、あんこを付けて一人で食べ切るものである。その習俗の伝承される範囲は、主として群馬県南部と埼玉県北部の局地的分布を示す。伝承内容は数え五十五歳の人が餡《あん》付き団子を食べるものであり、比較的単純であると言えよう。しかし、伝承内容は地域によって少しずつ変化している。これは個人の行う儀礼という観点から考えると、ある程度は個性豊かな内容に変化してゆくものであろう。

現時点で刊行されている自治体史を検索した結果、分布についてはある程度明らかにすることができた。しかし、本稿では群馬県内における事例群の紹介に終始した嫌いがあり、今後は報告されていない地域の民俗調査を進めることが課題である。さらに「五十五の団子」習俗の伝承経路を深めていく必要がある。「五十五の団子」習俗は、一般には嫌われる並び年である。群馬県邑楽郡板倉町や太田市などでは「最後の厄年」の認識がある。事例群を見ても、災厄は早く払ったほうがよい、子どもが片付いて良い時期、親の厄落とし、長寿を祝して祝う、などの解説がなされ、人々の認識としては厄年の範疇に入ると考えたようである。しかし単なる厄年ではなく、長寿に連なる厄年という認識に注目しておきたい。

調査の過程で気の付いたことであるが、地元の人が語る「地域の常識」というのは、必ずしも一般化できるものばかりではない。むしろ全国的な常識と言えないからこそ、その習俗はローカリティの問題として取り上げることができるのである。

超高齢社会の現代においては、五十五歳という年齢は若すぎるが、昔は五十五歳が定年であったし、「五十五歳は後がないという感じであった」と語る話者の声に耳を傾ける必要がある。というのは、私が育った昭和三十年代に近所の七十歳近い老人は、年齢以上に年老いていた。現在の七十歳よりも十年以上も老けて見えたものである。そのような印象も研究の視野に入れつつ、五十五歳という年齢について、改めて検討し直す必要を感じている。

《注》

（1）私は館林市の広報紙『広報たてばやし』（平成十九年四月十五日号）の「市史コラム」欄に「五十五の団子」を執筆した。短いエッセイであるが、館林地方の五十五の団子習俗をコンパクトにまとめているので全文を紹介する。

《男女とも数え五十五歳になると、五十五個の小粒の団子に餡を付けたものを食べる習俗があります。これを「五十五の団子」と呼びます。埼玉県東北部から群馬県東南部にかけての地域だけに分布し、年祝いに入る前の最後の厄年に位置づけられているのです。本町の和菓子店「伊勢屋」では、現在でも「五十五の団子」は年間十数件の注文があるそうです。米の粉を材料にして細く棒状に伸してヘラで小さく切っていきます。それを五十五個作り、餡をまぶします。丸い団子というよりもぶっきり飴の形状と言ったほうが的確かもしれません。年配の人にお聞きすると、「五十五の団子」はその該当者本人が作って人々に振る舞うのが本来の意味であるとも語ります。団子はご飯茶碗一杯の分量です。米の粉で作り、餡を付けました。このユニークな習俗は昭和三十年代のほうが盛んでした。昭和三十年代の五十五歳といえば、現在と比べると、後がないという感覚が多分にあったと思われます。「五十五の団子」というのは数え五十五歳になった年、しかも米の収穫が一段落した十一月から十二月にかけて行ったものでした。五十五個の団子を一人で食べると厄除けになる、中気にならない、なども言われ、病気・厄払いを意識した伝承となっています。》

以上が私自身の調査資料に基づいて執筆したエッセイである。（今回、若干の字句の訂正をした。）この習俗について「年祝いに入る前の最後の厄年に位置づけられる」としながらも、長寿の祝い的な匂いを感じ取ったので、「昭和三十年代の五十五歳といえば、現在と比べると、後がないという感覚が多分にあったと思われます。」という記述で結んでおいた。

（2）古家信平は、擬死《ぎし》と再生という視点から沖縄のカジマヤー祝いを分析した。老人遺棄の伝承の分析を踏まえ、老いの自覚と「いのち」の認識について論を展開している。

（3）民俗学では、サンプルにすべき具体的事象のことを「民俗事例」とか「民俗事象」と呼ぶ。これは地域を代表するサンプルで、場合によっては一地方を代表するデータともなる。この民俗事例はひとまずは既刊の民俗調査報告書や市町村史に求めるのが一般的やり方である。できるだけ事例をたくさん集め、その後に事例の類型化を行い、ある程度の仮説を立ててみる。その仮説に基づいて代表的地域またはその周縁の詳細な民俗調査を行いながら仮説の検証を繰り返すのである。そして、その検証のもとに論文を仕上げる。その論文が多くの研究者に受け入れられることによって学問的認知がなされ、仮説は学界の通説・定説となってゆくのである。

（4）手元にある市町村史を検索してみたが、『川越市史民俗編』『取手市史民俗編Ⅰ』『川口市史民俗編』『浦和市史民俗編』『岩槻市史民俗史料編』『古河市史民俗編』『和光市史民俗編』『佐野市史民俗編』には、該当項目に「五十五の団子」の記述は無かった。

（5）『新編埼玉県史別編2民俗編2』は、埼玉県内の民俗研究者を総動員して行った調査研究の成果であり、『群馬県史資料編二六民俗2』が「邑楽郡千代田村赤岩での調査によると、この習俗は、第二次世界大戦後にはやりだしたもので、埼玉県のほうから伝えられたものという」と記している〔群馬県史編さん委員会編　一九八二　一二〇二〕ことに触れ、「伝播に関するさきの千代田村の伝承を裏付けるものは、現在のところ得られていない」と公式に述べている〔埼玉県史編纂室編　一九八六　二二三〕。

《参考文献》

安達義弘　一九八九　「沖縄における長寿者の儀礼—その歴史的背景を中心として—」『久留米大学比較文化研究所紀要』七輯　久留米大学比較文化研究所

安達義弘　一九九一　「沖縄における長寿者の儀礼—その現行民俗行事を中心として—」『九州大学文学部九州文化史研究紀要』三六号

板橋春夫　二〇〇七　『誕生と死の民俗学』吉川弘文館

井之口章次　一九七五　『日本の俗信』弘文堂

倉田一郎　一九四三a　「厄年の問題」『民間伝承』九巻一号　民間伝承の会

倉田一郎　一九四三b　「厄年の問題（二）」『民間伝承』九巻二号　民間伝承の会

郷田洋文　一九五九　「厄年・年祝い」『日本民俗学大系』四巻　平凡社

埼玉県編　一九八六　『新編埼玉県史別編2民俗2』埼玉県

佐々木勝　一九八三　「厄年と年祝い」　日本民俗研究大系編集委員会編『日本民俗研究大系』四巻（老少伝承）　国学院大学

佐々木勝　二〇〇〇　「年祝い」『日本民俗大辞典』上巻　吉川弘文館

渋沢克枝　一九八八　「五十五の団子」『武尊通信』三五号　群馬歴史民俗研究会

新谷尚紀　一九九五　『死と人生の民俗学』　曜曜社

瀬川清子　一九四三a　「厄年について」『民間伝承』九巻一号　民間伝承の会

瀬川清子　一九四三b　「厄年の行事」『民間伝承』九巻二号　民間伝承の会

関沢まゆみ　二〇〇五　「年祝い」『郷土史大辞典』下巻　朝倉書店

古家信平　二〇〇九　「年祝いにみる擬死と再生」『日本の民俗12南島の暮らし』　吉川弘文館

松岡利夫　一九七二　「年祝い」『日本民俗事典』弘文堂

源　武雄・名喜真宣勝　一九七二　「一生の儀礼」『沖縄県史』民俗一（二二巻各論編一〇）　琉球政府

宮田　登　一九七九　『神の民俗誌』　岩波書店

宮田　登　一九九九　『冠婚葬祭』　岩波書店

コラム

老いの自覚

老いの意味　「老い」にはどのようなイメージがあるのだろうか。老いには、疲れやすい、目がかすむ、人の名前を忘れる、などの傾向があり、若者であっても自分が老いているという自覚はある。一般に老いにはマイナスのイメージが強い。

江戸時代の武家社会には「家老《かろう》」「大老《たいろう》」「老中《ろうじゅう》」という言葉があり、いずれも重役を意味していた。この場合の「老」には、単なる老いた年輩者という意味ではなく、尊くみられる存在を示している〔立川　一九九八〕。老人すなわち高齢者は、賢く経験豊かな人で尊敬すべき存在と考えられていたのである。四十九歳で商家の主人を隠居し、日本地図の作製に命を賭けた伊能忠敬《いのうただたか》を引き合いに出すまでもなく、老いには「追い」、すなわち付加するという意味があったとされる。老いは現代社会にこそ再評価されるべきものであろう。

老化現象　「老化」は人の退縮期に認められる変化で、一般に四十歳前後から始まるとされる。多くの人が体力の衰えを感じたりして「老い」を自覚するようになり、「いのち」あるものにはすべて起こる現象である。老いは出生、成長、死といった現象と同じく個体に内在し、必然的に生ずる現象であり決して突発的なものではない。個体を構成する細胞や細胞間物質の変化が経年《けいねん》的に蓄積されて徐々に個体に現れてくる過程であり、これを「老化現象」と呼んでいる〔柴田ほか　一九九三　二二〕。具体的に私自身の例で「老い」の自覚を語ってみたい。

「四十暗がり」と遠近両用眼鏡　私は満三十九歳のときに眼科医を訪ね、「若年性遠視」と診断された。平たく言えば老眼ということである。どうしてもそれが信じられず、もう一軒の眼科医へ行ってみたところ、「近視」と診断された。ホッとしてその眼科医に他の眼科医では「若年性遠視」と診断されたと話したところ、「そのように診断されても間違いではない」と言われた。このことをある年配者に話したところ、「それは四十暗がりだね」と言われた。

そのままにしていたが、四十歳になると新聞を離して読むようになり、「若年性遠視」が進行した。近視の眼鏡をはずして文庫本を見ることもたびたびで、自分でも不安になり、人間ドックの眼科検査でていねいに診てもらったところ、はっきりと「遠視」と診断された。比較的弱い段階であるが、遠近を交互に見る場合には遠近両用の眼鏡が必要であると言われ、満四十三歳二か月で「遠近両用眼鏡」を購入した次第である。

足がつり、五十肩に苦しむ

寝不足を続けると、しばらく疲れがとれない。四十九歳の春であった。睡眠中、急にけいれんが起きて足がつってしまう、いわゆる「こむら返し」に見舞われて歩行困難になった。その年の暮れには、右腕が上がらない「五十肩」になってしまい大変困った。毎晩風呂上がりに腕を回す訓練をして一か月ほどでよくなったが、翌年再発し、数か月間の通院が始まった。さらに平成二十一年三月、睡眠中に左肩が痛くて目が覚めた。今度は左腕が上がらなくなってしまい、またも「五十肩」で現在治療中である。

「今の若いものは」

五十歳を過ぎたころから昔のことを言い出したりする自分に気付いた。後輩たちと酒の席などで話をしていると、いつの間にか昔の話を自慢話風に語り始めていることがある。そして「昔はおもしろかった」という老人のステレオタイプを実践してしまう。「昔はよかった」という風な言い方になるし、同年配の人と飲んだりすると、「今の若いものは」などという批判的な言葉を発する癖も出ている。若い者と自分をいつのまにか比較していることが多くなった。

《参考文献》柴田博ほか　一九九二『老年学入門』川島書店／立川昭二　一九九八『日本人の生死観』筑摩書房

葬式と赤飯

赤飯から饅頭へ

問題の所在

かつて群馬県伊勢崎市の旧家が所蔵する近世史料を見る機会があった。膨大な点数の香典帳《こうでんちょう》を開いていくと、「赤飯《せきはん》」の文字が目につき大変驚いた記憶がある。伊勢崎市域の民俗調査では、葬式に赤飯を使用する事例は報告されていなかった。葬式といえば大きな「葬式饅頭《まんじゅう》」を連想するほどで、つい最近まで饅頭が出されていたのである。

葬式には、死者に供する枕飯《まくらめし》や枕団子《まくらだんご》を始め、野辺送《のべおく》り前後に用いる味噌や塩、四十九日の食い別れ儀礼に使われる餅《もち》など、さまざまな食物が用いられる。そして多用されるのは餅・団子・饅頭である。各種食物が用いられる中にあって、「葬式に赤飯を食べる」慣行が存在している。

文化庁がまとめた『日本民俗地図』によると、全国一三六六の調査地点のうち一五一地点で、葬式に赤飯や小豆飯《あずきめし》を使用していた。事例は北海道から沖縄まで全国各地に点在している。一般に赤飯といえば、モチ米に小豆を混ぜてセイロで蒸かした赤色の飯で、祭礼・人生儀礼・年中行事などの慶事《けいじ》に食べるというのが大方の理解であろう。しかし、赤飯は慶事の食物だけではなく、葬式にも使用されていたのである。赤飯を慶事の食物と認識する人々にとっては、葬式に赤飯を食べる慣行は大変奇異に映り、違和感を覚えるかもしれない。

本稿では、葬式における食物のうち赤飯に注目し、なぜ葬式に赤飯を使用する地域が存在するのか、いったい赤飯はどのようなものと認識されていたのかを考える。たとえば伊勢崎市では、かつては葬式に赤飯を使用していたが、ある時期に饅頭へ変化していく。この場合、赤飯はどのようにして饅頭へ変化したのかを明らかにすることが課題になる。もちろん変化せずに連綿と葬式で赤飯を用いる慣行を守っている地域もあるし、少しずつ変化を見せている地域もある。変化していく中で変わらないものは何か、つまり伝承の核になるものは何かを考えてみることも課題の一つである。

1　赤飯観の変遷

近世史料にみる赤飯

江戸末期に活躍した国学者の喜多村信節《きたむらのぶよ》（一七八三〜一八五六）は、『萩原随筆』で「凶事に赤飯を用る事民間の習慣なり」と記している。屋代弘賢《やしろひろかた》の「諸国風俗問状」に対する文化十二年（一八一五）「陸奥国信夫郡伊達郡」答書には「懇意・近隣・町内七日の内香典持参。大方はせず。其外香・まんぢう様々。女は別の赤飯持参」とあり、女性が赤飯を持参する習俗を報告している〔新谷　一九九二　二二二〕。また、石川県鳳至《ふげし》郡門前町伊藤家文書の安永四年（一七七五）「中陰見舞い留帳」には「赤飯四重」などの記載が見え、四十九日の法事に赤飯が贈答されていたことが分かる。小林忠雄は石川県石川郡美川町湊で、天明〜天保年間（一七八一〜一八四四）の香典帳に「赤まま〇重」と書かれた事例を紹介し、[1] 赤飯の香典は嘉永年間になると、「みたま〇重」という表現に変わり、以後赤飯の記載は見られないと指摘する〔小林忠雄　二〇〇〇〕。長野県上伊那《かみいな》郡上郷町では、弘化三年（一八四六）の見舞受納《みまいじゅのう》帳に赤飯の記事〔石森　一九八四〕があり、群馬県伊勢崎市では嘉永六年（一八五三）の十三年忌の記録に「赤飯四斗入用《といりよう》」の文字が見える〔板橋　一九九五〕。

以上管見《かんけん》の範囲でも、葬式における赤飯使用の慣行は一七〇〇年代から一八〇〇年代の近世史料にも記録され、むしろ『萩原随筆』のように民間の習慣であるとまで言及されているのである。赤飯の使用は決して特殊な事例ではなく、ていねいに探せば全国各地で近世史料としての香典帳などに赤飯使用の事例が見つかるはずである。

柳田国男の仮説

葬式における赤飯の使用に関しては、柳田国男の仮説が知られる。『稲の日本史』の中で、対談という形で出てくる。小豆が話題になったときに柳田は次のように語った。

私の仮定では、あれは豆が入用なのではない。赤い色が入用だった。現在でも小豆を食べる日をずっと当ってみると、必らずしも祭の日とはいえないけれども、日本では物忌みをして、潔斎に入る日と、ふだんの生活にもどる日の境目を、この赤い食物によって意識させようとしております。潔斎に入ったら、今までしておったことを皆やめる。そうして異常な精神状態が神祭の前何日、また後何日の間続けられる。その時点の重要さを自ら印象づけるために、小豆または赤飯の赤色が使われたとみるよりほかはないのであります。最近までも小豆を食事に供するのはそういう時ばかりでした。〔柳田国男ほか　一九六九　一一六〜一一七〕

対談者の安藤広太郎が日本の赤飯と赤米《あかごめ》の関係について質問したところ、柳田は次のように答えている。

赤いごぜんを食べるというのは何か儀式に集まるときで、所によると不幸のときにも炊くのです。それはほんの限地的ですけれども、秋田県なんかお盆に炊きます。葬式法事の終りに炊く。そういうように、何かこの日からきちんと心の持ち方をかえなければならないときに、小豆を使っておる。〔柳田国男ほか　一九六九　一一七〕

「所によると不幸のときにも炊く」と発言し、「葬式法事の終りに炊く」という。柳田は葬式における赤飯の存在を承知し、葬式に赤飯を使用するのは心の持ち方を変えるためであると語っている。これとほぼ同様の考えを、柳田は「知りたいと思うこと二三」（『民間伝承』一五巻七号、一九五一）の中でも述べている。柳田は、小豆を食べる日は物忌《ものい》みをして、潔斎《けっさい》に入る日と日常生活に戻る日の境目を赤飯の赤色で意識させようとしたと考えた。潔斎に入ると、今までしていたことをやめて異常な精神状態が神祭《かみまつり》の前何日、また後何日の間続けられる。そのときの重要さを自ら印象づけるために小豆または赤飯の赤色が使われたのだろうと推測し、赤飯の赤色は物忌みの初めと終わりを印象づけるために使われたという仮説を提出した。

柳田説にしたがえば、死者が出たときに親族がすぐに赤飯を持って来たり、通夜に赤飯が出る事例は、物忌みに入る直前を意識させるものと考えられ、初七日《しょなのか》、四十九日、一年忌に赤飯を食べるのは、物忌みが明けたことを意味すると言えよう。しかし、ここで注意しておかねばならないのは、従来の説にとらわれず柔軟な視点から論じている安室知《やすむろさとる》によると、赤飯は赤色に意味があったとすること以上に、モチ米であることに積極的な意味を見出すべきであるという。赤飯がモチ米で作られ、小豆飯がウルチ米であることと対照的であり、赤飯は集団的な性格の強い行事で用いられ、小豆飯は家の中だけで完結するような行事に多用されるという指摘である〔安室　一九九九　四二〜四三〕。

柳田以降の研究

今野円輔は『季節のまつり』の中で赤飯と小豆飯について触れている。赤飯はモチ米に小豆を入れてコシキで蒸して作る強飯《こわめし》である。一方の小豆飯は米と小豆を鍋釜で煮たものであり、赤飯と小豆飯は「蒸す」と「煮る」の違いがあるという。そして今野は次のような興味深い文章を残している。

　昭和三十八年だったと記憶しているが、『毎日新聞』に「葬式に赤飯を出すようなことは、いまではまず考えられない……」と書いたことがあった。するとたちまち「私の村では葬式に赤飯を出していますよ」という抗議の投書があって、「君、でたらめを書いちゃ困るね」と叱られた。落着いて読んでくれれば「いまではまず考えられない」と書いたのであって「葬式に赤飯を出す例はない」とは書かなかったのだ。〔今野　一九六四　二二一〜二二二〕

この引用文に続いて、葬式に赤飯を使う地域として、岩手、宮城、群馬、千葉、新潟、福井各県の事例を紹介し、赤飯は本来儀式用のものであり、ハレの日のご馳走というだけのことであり、祝儀・不祝儀の区別はなかったと説明した。しかし、葬式における赤飯の使用例が全国各地に点在している事実を考えると、今野が「いまではまず考えられない」と書いた箇所は修正されねばならないだろう。

さて、柳田の仮説が民俗学界の通説と理解されたためか、わずかに今野が葬式の赤飯を紹介したにとどまっている。それ以降はほとんど関心を持たれることなく、葬送墓制研究の第一人者であった井之口章次が、新潟県佐渡で出棺時の握り飯に添える赤飯を一本箸で食べるのを死者との共食の作法を踏んでいると指摘〔井之口　一九七七　一二六〕する程度で、葬式に赤飯を用いる各地の事例を知り得ていたにもかかわらず注目していない。それは佐藤米司も同様である。(2)

葬式の赤飯に注目したのは増田昭子であった。増田は、東京都多摩市の民俗調査で、大正・昭和といった近代の香典帳に赤飯の記載があったことから研究を深め、平成元年（一九八九）に論文「葬式と赤飯—多摩地区を中心に—」をまとめた〔増田　一九八九〕。喪家に赤飯を持参するのは、死者の子どもが嫁いだ家と死者の嫁の親元からで、親の死に対して子が赤飯を贈答するというものである。飯台《はんだい》に詰めた赤飯は、葬式に来てくれた人に出す食事に用いられた。この赤飯は、戦後になると蒸し物料あるいは赤飯料として金銭化していく。神奈川県秦野《はだの》市では小豆飯が用いられたが、増田は赤飯の簡略化と考えた。また、葬式に贈答される赤飯は、実際には赤飯、色を付けない赤飯、白ブカシ、茶ブカシ、黒豆の強飯、小豆飯とバラエティに富む。色彩の変化に注目し次のように述べる。

小豆を使い、色も赤い赤飯を葬儀の食物としていたが、赤飯がめでたい時の食べ物という意識が強くなるに従い、葬儀のときの赤い赤飯に抵抗感が生まれ、めでたいときの赤飯と区別するために、色を付けない赤飯を作るようになり、さらには白ささぎによる強飯に、あるいは死に対する黒という色彩観念の影響によって黒豆の強飯に変化してきたものと、考えられる。〔増田　一九八九　三八〜三九〕

増田は葬式の赤飯を食べる人にも注目し、本来は不特定多数の人が食べるのが本来の姿であったと考えた。血縁関係を除いて最も忌《い》みがかかるのは穴掘りである。この赤飯を食べることで忌みが解除されていくという。つまり赤飯は、忌みを解くための食物であると考えた。増田は忌みを解くための食物である赤飯が、なぜ最も忌みの重くかかる親族によって贈答されるのかと疑問を提出し、「葬儀に何らかのかかわりをもつことによってかかる忌みをはらう、ということが、葬儀の赤飯に付与された民俗的意味であるというのが結論」とした。そして小豆の持つ意味について、災厄を解除する役割を持っていたために葬式に赤飯が使用されたという。

増田論文の一年後、私は「近世後期における葬式と赤飯・饅頭―佐位郡大田村の事例を中心に―」と題する論文を発表した〔板橋　一九九〇〕。うかつにも増田論文を参照せずに書いたが、結果として両論文は類似したものとなった。近世史料としての香典帳と民俗調査の事例から葬式に使用する赤飯について考察したもので、伊勢崎町（現伊勢崎市）の旧家では、近世期に赤飯を用いていたが、幕末に饅頭が出現し、明治初年には赤飯使用の慣習が消滅していく様子を明らかにした。隣接する農村部の茂呂《もろ》村（現伊勢崎市）では、大正初年までは赤飯が使用されていたが、これも饅頭になっていく。群馬県の山間地方では現在も赤飯が使用されるなど、地域的に赤飯使用の時期にずれが見られる。都市部では早くから饅頭が使用され、饅頭は赤飯の変化した形とした。また、赤飯の使用時期が主として七日の法要であることから忌み明けを象徴する食物ではなかったかと考えてみた。

〈赤飯＝慶事〉的思考からの脱却

柳田国男は、赤飯の使用によって物忌みに入る日と戻る日の境目を赤色で意識させようとしたという。赤色に意味があったとすれば、なぜ赤色を拒否する地域が存在するのか。新潟県上越市のように、葬式の赤飯は結婚式の赤飯と比べると意識して赤色を薄くしている地域も存在する。新潟県では赤飯と称しながら小豆の赤汁を入れない、長野県では小豆を少な目にするなどの事例が見られるが、これは〈赤飯＝慶事〉という感覚が優越し、葬式の赤色を次第に忌避《きひ》するようになった結果と考えられる。黒大豆を用いる事例もその思考上に位置するものかもしれない。

群馬県北群馬郡榛東《しんとう》村や桐生市梅田町などで、老人のときは赤飯、若い人のときは白いオコワと区別する〔板橋　一九九五　五九〕というように、赤飯の使用場面が限定される事例もある。これは赤飯が慶事の食物という認識を持つ人が増えたためと考えられる。赤城山《あかぎやま》の西麓地域では〈赤色の強飯＝慶事〉の印象を排除するために、小豆の代わりにインゲン豆を入れて白いオコワにしている。福島県会津《あいづ》地方では、葬式のときの赤飯は小豆を入れても量は控えめに、赤い色づきが濃くならないようにした。このように全国各地の民俗事例で注目したいのは、赤飯の色を気にするという例が多いことである。これについて鎌田久子は次のような指摘をした。

こわめしといいながら、黒豆を使用する地域が点在することである。赤飯の赤い色を吉事と意識してくると、それに対応して黒、あるいは葬送儀礼に黒い衣服をまとうことが一般化されると、それに誘導されて黒豆が登場してきたとは考えられないであろうか。こわめしは、古い食法であり、これが葬送儀礼にあることは、凶事故に古風が残るという素朴な考え方でよいと思うが、豆の色の変化は、その根底に日本人の色彩観の変遷があるのではないかと思う。〔鎌田　一九九〇　六〕

慶事の赤飯と区別するために黒豆を入れるのは、葬式の服装に黒を用いるようになってからの変化であると鎌田は推測した。明治大正時代の古い写真を見ると、白いかぶりものをした婦人や白装束の婦人が見られる。大正時代から昭和にかけて黒の喪服が流行したので比較的新しい習俗と言える。色彩としての黒が葬式に用いられるようになった点は理解できるにしても、黒豆を用いる説明としては不十分であろう。黒豆は富山県と長野県の一部に分布しているが、黒豆の使用以前に赤色の赤飯が使用されていた事例を提示しないと鎌田説は想像の域を出ないものとなる。

ところで、高齢者の葬式において「長生きをしたので赤飯でも炊こう」「長寿のときは赤飯を炊くものだ」などといわれることがある。天寿をまっとうしたことに対して自然に出る言葉である。葬式といえば、程度の差こそあれ悲しいものである。しかし、その地域で想定されている一定の年齢を超えれば天寿を全うしたことになり、お祝いであると考えられていた。そのために長寿者の葬式は、死の悲しさがほとんど漂わず明るくさらっとしたものになる。葬式と赤飯の組み合わせを奇異であると考える人であっても、「長寿」を媒介にして〈葬式＝赤飯〉の関係を条件付きで受け入れることが可能なのである。

実際に群馬県伊勢崎市では、八十歳以上で亡くなった人の葬式に、長寿だったという理由で赤飯を出した事例があるし、栃木県安蘇《あそ》郡や足利市などでも、長寿者の葬式に際して赤飯を配っていた〔板橋　二〇〇〇　一九九〕。福島県いわき市忽来《なこそ》町では、七十歳代の人が亡くなると赤い字で八十八と書いた餅を出棺のときに撒き、八十歳代の人が亡くなったときは「百」と書いた。その家は赤い幕を張り巡らして本当にお祝いのようであったという〔最上　一九五八　二〇七〕。富山県新湊市放生津《ほうじょうづ》（№88）では、還暦を過ぎて亡くなった人の場合は「めでたい」といって赤飯を炊いた。また小林一男の調査によると、福井県三方《みかた》郡美浜町では七十歳を超えた高齢者が亡くなると葬式の出棺にあたり、赤飯で作った三角おにぎりを野辺送りに配っている(3)。

一般に赤飯はお祝いの食物と認識され、葬式には使用しない地域であっても長寿者の葬式に限って赤飯が使用されることがある。このことは最上孝敬も「われわれが、よくきかされていたことに、七十歳以上にもなつて死んだ人のあるときは、おくやみをいわないで、むしろ、めでたいように考えるべきだということである」〔最上　一九五八　二〇七〕と述べるように、長寿者の葬式はお祝いという感覚が広く受け入れられていたのであった。天寿をまっとうした人だけが出すことのできる赤飯・餅は希少価値があり、葬式に参列した人に長寿の幸運を分配することになる。

ここで、本来は葬式に赤飯を使用すべきである、すなわち子どもが死んでも老人が死んでも赤飯を使用していた地域があると仮定してみる。そのような地域では、葬式の赤飯はごくあたりまえである。むしろ赤飯を使用しないほうが異常となるであろう。ところが、祭りや結婚式などの晴れ晴れしい場面で使用される赤飯の印象が強くなってしまうと、葬式に赤飯を用いることに違和感を感じるようになる。この点に関しては増田昭子も同様の見解をとっている〔増田一九八九　三八～三九〕。

学問上では、葬式もハレであるかもしれないが、民間では葬式をハレとは感じていない。そのために赤飯はお祝いの場面だけに使用されるという限定のあり方が出てくるのである。お祝いの場面だけに限定されてくると、当然葬式には使用されなくなってくる。長寿者の葬式だけはお祝いの印象から、地域によって葬式の赤飯習俗が生き残ったのである。しかし、それが長寿者の場合も忘れ去られ、「長生きをしたので赤飯でも炊こう」などという言葉だけが残ることになった。

2 『日本民俗地図』にみる赤飯

赤飯を食べる時期

文化庁がまとめた『日本民俗地図』〔文化庁編　一九八〇〕によると、全国一三六六地点のうち、一五一地点で葬式あるいは法事に赤飯や小豆飯を使用していたことが報告されている（表「葬式の赤飯使用一覧」212頁以下を参照）。この『日本民俗地図』は、文化庁が実施した緊急民俗調査の資料に基づいた民俗分布地図である。生産・生業の典型的なものを考慮しながら各都道府県で三〇地点ほどを選び、同一の調査票に基づいて調査したもので、調査は昭和三十七年度から三十九年度の三か年にかけて行われた。沖縄は昭和四十二年度に行っている。調査地点が全国一三六六地点にのぼる過去最大規模の民俗分布調査であった。この一五一地点の数字が正しいとすると、全国で約一一・一％の地域で葬式に赤飯を食べていたことになる。もちろん赤飯の使用が圧倒的に多い県とそうでない県、あるいは赤飯使用の報告が無かった県もあるなど、分布は必ずしも一様ではない。

葬式全体の中で赤飯を食べる時期は、①通夜あるいは野辺送りに出る直前に赤飯を食べる、②初七日や四十九日あるいは三年忌など年忌法要に赤飯を食べる、③最終年忌に赤飯を食べる、というように大きく三つに分けられる。

①通夜あるいは野辺送りに出る直前に赤飯を食べる例として、青森県東津軽《ひがしつがる》郡平内《ひらない》町茂浦《もうら》（№.3）では、通夜には夜食として赤飯とともに団子を出す。青森県上北《かみきた》郡下田《しもだ》町本村（№.11）では、親類が赤飯を持ってくるが野辺送りの昼食として参会者に食べてもらう。山形県西置賜《にしおきたま》郡小国《おぐに》町小玉川《こたまがわ》（№.28）では、出棺前の食事として以前は一般会葬者に酒と赤飯を精進料理に振る舞った。福島県西白河《にししらかわ》郡表郷《おもとごう》村金山《かねやま》（№.38）では、このように東北地方では、死者が出るとただちに、あるいは通夜・野辺送り当日に親戚から赤飯が贈られている。福島県耶麻《やま》郡猪苗代《いなわしろ》町八幡《やはた》内野（№.40）では、この赤飯を「フカシ見舞い」と呼んでいた。

②初七日や四十九日あるいは三年忌など年忌法要に赤飯を食べる例として、香川県香川郡塩江《しおえ》町上西（№.135）では、死後七日の仏事には赤飯を炊いて親戚の家から持参する。同県仲多度《なかたど》郡琴南《ことみなみ》町美合（№.137）では、葬式から七日目にオコワを炊く。これは仏が嫌うといって塩を入れなかった。四十九日には塩をたくさん入れたオコワを炊き、饅頭などと一緒に家に持ち帰らせた。このように四国地方には、初七日や四十九日の法事や一年忌などに赤飯を使用するところが多い。愛知県では新盆に念仏を申すとともに赤飯が使用される。

③最終年忌に赤飯を食べる事例は、三例だけの報告である。岐阜県郡上《ぐじょう》郡奥明宝《めいほう》村畑佐《はたさ》（№.109）では、三十七年忌には赤飯をオケソクと呼ばれる木製の鉢に入れて配った。沖縄県名護市名護（№.150）では三十三年忌に赤飯を出す。同県八重山《やえやま》郡竹富《たけとみ》町西表《いりおもて》祖納《そない》（№.151）では、二十五年忌か

らは祝儀に準じて赤飯が出るという。このように最終年忌の際に赤飯を食べる地域もあった。

　赤飯の用意は誰がするか。『日本民俗地図』では、誰が作り、誰が持参するかということが明確に分かる資料はきわめて少ない。それでも全体を見渡すと、親類・親戚・近親者・親族・近所・身内・嫁の里・近しい者、などの用語が見え、おおむね近い親戚が作っている。これは忌みのかかった者が製作に関わっていることを意味する。

赤くない「赤飯」の地域

「赤飯」と言いながらも、あえて赤くしない強飯の地域がある。モチ米を蒸して作る方法は同じであるが、赤くしないところに特色がある。赤くしない方法は小豆を用いず、白ササギ・白小豆・白インゲンを用いる。黒大豆を入れて強飯に黒色が浮き出るようにする場合もある。

　小豆の赤汁を入れない事例は、福島県・栃木県・新潟県に分布する。福島県福島市飯坂《いいざか》町茂《も》庭《にわ》字梨平《なしたいら》（№33）では、シロブカシ（白ササギを入れて蒸かしたもの）を作り、ごまをかけないという。栃木県那須郡湯津上《ゆづがみ》村蛭田《ひるた》（№50）では「白い強飯」、那須郡烏山《からすやま》町大木須《おおぎす》（№51）では「白フカシ」を作る。新潟県岩船《いわふね》郡山北町鵜泊《うどまり》（№61）では「赤飯（色なし）」、新潟県豊栄町新鼻《しんばな》（№65）では「白小豆を用いて赤飯を炊いた」とある。新潟県見附《みつけ》市杉沢町（№72）では「葬式の場合の赤飯は、ささげをよく洗い流した色のつかないおこわ飯」という。

　山口弥一郎は、福島県会津地方の事例を紹介し、「小豆を入れても量はややひかえ目にてし、赤い色づきが濃くないようにし、これを小豆飯とか、赤飯とかとは呼ばなかつたようである」と自分の生活体験をもとに記している〔山口　一九五一　七五〕。凶事と吉事が同じ供応《きょうおう》であるのはよく分からないとしながらも、凶事の場合には正式に蒸かしたオコワが作られていた。

真野純子の調査によれば、新潟県上越市では赤飯が四つの場面で使われた。第一は葬式の朝、親戚に赤飯を重箱で配る。普段の赤飯と異なり、ごま塩は使わない。第二は野辺送りの後、僧侶の読経中にお椀に入れた赤飯が出される。第三は棺担ぎの人足も赤飯を食べることになっている。そして第四には、火葬場では白い三角おにぎりと赤飯のおにぎりを用意する。葬式の赤飯は、結婚式の赤飯と比べると意識して赤色を薄くするのが特徴で、火葬場で出す白い三角おにぎりは赤飯に違和感を感じる人が出てきた後の変化であるという〔国立歴史民俗博物館　一九九九　七二四〕。

黒豆の強飯と赤飯が入り交じった分布を示している。なお、これに類したものとして群馬県赤城山西麓地域でインゲン豆を入れた強飯が使われる。赤飯のことをオコワあるいはカテメシなどと呼び、同じ呼称のオコワであるが、葬式には小豆の代わりにインゲン豆（白色）を入れた〔都丸　一九九七　二三一〜二三二〕。

小豆飯・小豆粥の地域

小豆飯は周圏的分布が見られる。北は青森県・秋田県・山形県の東北諸県に分布し、南は中国地方の一部と九州・四国地方に分布している。青森県下北郡大間《おおま》町大畑（No.9）では、不祝儀のときには一般に小豆飯を作った。そして関東、中部地方に分布が見られず、滋賀県守山市赤野井《もりやまあかのい》（No.118）の小豆ぜんざい、山口県萩市大井字土井の小豆飯（No.128）、香川県高松市男木島《おぎしま》（No.132）の小豆粥、愛媛県宇和島市九島《うわじまくしま》（No.139）の小豆飯、同県宇和島市日振島《ひぶりしま》（No.140）の小豆飯、そして大分県玖珠郡玖珠町古後《くすこご》（No.147）の小豆飯がある。

青森県西津軽郡柏村桑野木田《かしわくわのきだ》（No.4）では、仏事などの不祝儀には小豆飯を作って、集まった人に供したが、これは「力をつけるため」であると説明している。秋田県南秋田郡五城目町五城目《ごじょうめ》（No.19）では、「チカラガユ（力粥）」といって赤飯に湯をかけて食べた。一般に「赤飯に汁をかけるものではない」という俗信があるが、葬式におけるチカラガユは、してはいけないという俗信をそのままやってしまう事例である。このチカラガユは通夜に食べるもので、団子と一緒に食べたりして力をつけるという意図があった。

なぜ力をつけるのか。忌みのかかった食物をたくさんの人が共食するのは、死の忌みを分散するためであると考えられてきた。果たしてそうであったのか。そこには死の忌みを遠ざけようとする意思は見られず、むしろ出棺に先だって力をつけることに主眼があるように思われる。

東京都武蔵村山市では、出棺に先だって血族が一升枡の裏底で切って食べる餅を力餅とか度胸試しといった。これは湯灌や穴掘りの人が一口飲む酒を「力酒」と呼ぶ事例と考え合わせると、生者に力をつけて忌みに負けない「食い分かれ」の一形式とも見られ、「力」は必ずしも餅だけに限られなかったのである〔柳田　一九九〇　三三七〕。とにかく穴掘りの事例をみても、穴掘りを始める前や途中に食べるのであるから、単純に忌みの解除とは考えられず、力をつけると解釈すべきであろう。

3　赤飯から饅頭へ　―葬式の商品化―

念仏玉の赤飯と饅頭

群馬県では、野辺送りが済んだ晩に葬式のあった家で念仏を行う。そのときに念仏玉と称して赤飯のおにぎりが出された。明治以降、伊勢崎市などの町場では、葬式の赤飯は饅頭に取って代わられていく。具体的に赤飯と饅頭がどのように入れ替わっているかを群馬県内のいくつかの事例でみていく。

利根郡月夜野《つきよの》町小川島では、昭和四十年ころまで初七日の念仏に集まった近親者や近所の人たちに「念仏玉」と称する赤飯を食べてもらった。この初七日の念仏は野辺送り当日にやってしまう。現在、念仏玉は饅頭になっている。(4) 新田郡新田町高尾では、葬式当日の念仏の際、近い親戚がホカイ（行器）と呼ばれる容器に入れて持ってきた赤飯をおにぎりにして近所の人たちに出していたが、最近はお菓子に変わった〔新田町誌編さん室編　一九八二　三二〕。勢多郡東村では、明治三十三年（一九〇〇）生まれの話者の少年時代には葬式の念仏玉に赤飯を使っていたというが、現在は饅頭やお菓子が用いられる。前橋市総社町では、死後三日目には僧侶を呼んで法要を営むが、昔はこのときに裕福な家では二俵の米で赤飯にこしらえ、近所の人などに振る舞った。しかし、次第にその習慣が廃れて昭和三十年ころの引き出物は饅頭になっている〔総社町誌編纂委員会編　一九五六　二八九〕。

伊勢崎市では、明治四十三年（一九一〇）の『上野国伊勢崎郷土誌』に「葬式当夜、親戚知人近隣の者相集り、仏前に於て念仏会を営むの習慣あり。而して此の時の念仏玉と称して、昔は赤飯又は牡丹餅又は饅頭を、会者は勿論、門前に集まれる多数の小供等に与へて、供養となすの風あり」（伊勢崎尋常小学校編　一九一〇）とあり、明治四十三年における「昔」の習慣として、赤飯・牡丹餅・饅頭の三品が念仏玉に用いられていたことを示している。昭和十一年（一九三六）の茂呂尋常小学校編『郷土調査』には「葬式の当日又は其の翌日、七日供養の法事を営み、其夜念仏供養を行ひ、併せて念仏玉を施与した例等があったが、近年に至り念仏玉の例は漸次廃絶して来た。昔の念仏玉としては親戚から贈られた赤飯を用ひたが、今日では大概饅頭の類を以て代用するやうになった」とあり、念仏玉の習俗が廃れ、念仏玉に使われていた赤飯も当然使われなくなる。昭和十一年時点では赤飯の代わりに饅頭が用いられていた。

以上、わずかな事例であるが、群馬県内でも地域により赤飯の使用年代に違いがみられる。全体的傾向としては山間部では赤飯の使用が残り、町場では饅頭の使用が多い。赤飯を使用する地域では近親者が自家で調整し、一方の饅頭を使用する地域ではお菓子屋などの専門業者に饅頭を注文している。赤飯には親戚による相互扶助が見られ、饅頭には金銭が介在するという特徴がある。調達の形態は大きく異なっているのである。

群馬県内では、赤飯から饅頭に変化している事例が多く見られる。しかも赤飯と饅頭を比べた場合、色への執着がないことに気づく。赤飯は赤色であり、饅頭の外観は白色である。利根郡新治村永井では現在は饅頭が用いられるが、もちろん外観は白で表面に焼きを付ける。中は黒あんで材料は小豆である。赤飯との関わりを強いて見出すならば、ともに小豆を用いていることであろう。この黒あんが葬式の黒色化を象徴すると考えるのは、こじつけ以外の何者でもない。饅頭は商品としての価値があるだけでなく、饅頭にはたくさんの砂糖を用いており、力がつくと考えられていた食物であった点に注目しておきたい。

赤飯の商品化

葬式には葬式饅頭と呼ばれる大きな饅頭が葬式の引き出物に使われる地域もあった。伊勢崎市のように赤飯の使用をやめ、饅頭に変わった地域もある。餅と赤飯はモチ米が材料で、基本的には同質のものと考えられる。たとえば岩手県の「二戸郡荒沢村地方では、葬式が終つた夜村人が集まつて念仏を行うが、念仏が終ると必ず赤飯と煮物を供えて饗する習慣であつたが、明治の中頃から前（煎）餅などに代えられるようになつた」〔小林文夫　一九五一　八〇〜八二〕という。このように明治時代になると赤飯に変化が生じてくることに注意したい。

石川県能登地方は葬式に赤飯を使用する地域が点在している。現在も葬式に赤飯を使用する輪島市門前町内保伏坂《ふっさか》は二〇戸ほどの集落で、半数は同町剱地《つるぎじ》の光琳寺（浄土真宗）の檀家である。死者が出ると、近くに住む親戚に餅米四升と小豆一升の「五升櫃《びつ》」を頼む。すると頼まれた家は赤飯を蒸かして持ってきた。お参りの人数に応じて櫃の数を決めるが、たいていは二つあれば間に合う。赤飯は少し余るくらいのほうがよいといわれている。五升櫃《ひつ》は多くの家にあった。頼まれると蒸《ふ》かして朝早く台所へ届ける。返すときには、「櫃の実《ひつのみ》」といって少し赤飯を残しておくものであった。現在はオンジキ（御食）のお菓子を入れたり、香典返しの砂糖を付けて夕方には返した。平成八年（一九九六）ごろに赤飯を蒸かす業者ができてきた。喪主から頼まれると、頼まれた人はその業者に頼む。赤飯は火葬場に行って帰ると喪家で御膳がつく。輪島塗《わじまぬり》の椀に赤飯が盛られているが、ごま塩は付かない。葬式の赤飯はあらかじめ塩味がつけられているのである。この地域の人々は、「その人の一代が終わるからめでたい」といって赤飯を使用する。葬式そのものが金銭で処理される傾向の中で、葬式の赤飯贈答を維持している能登地方では、近年、門前町のように業者から赤飯を買うなどの商品化が進んでいる。

神奈川県厚木《あつぎ》市などでは、葬式の赤飯はダイカイと呼ばれる容器に入れて贈答される慣行であったが、近年は形式化が進み、「蒸し物料」としてお金に換算し、現金がやりとりされている〔大野　一九九六　三七四〕。隣接する平塚《ひらつか》市も同様で、多くが現金に変わっており、現在はダイカイを届けたことにして玄関先に「蒸物料一荷〇〇」と贈った人の名を半紙に書いて貼っている〔小川　一九八九　六〕。栃木県足利市高松町（No.51）では、親戚が赤飯を届けているが、これは次第に白米になり、さらに現金に変わっている。赤飯の商品化や現金化は、赤飯を食べることよりも贈ることに意味があることを教えてくれる。贈ることによって喪家の家族や親戚が力をつけるということであろう。

まとめと課題

葬式で用いる赤飯について考えてきた。なぜ葬式に赤飯を使用するのかという根元的な問いには、葬式もハレであったと答える以外にないようである。赤飯がハレの食物であるということは、色彩に重要な意味があったと考えてよいだろう。柳田説によれば、赤飯の赤色は物忌み生活に入るときと戻るときの境目の象徴としての色彩であり、その時点の重要さを自ら印象づけるためにわざわざ赤色を使用したという。

赤飯の贈答者を見ていくと、最も忌みがかかるとされる近親者が作って持参する。親の死に対して子が持って来るという具合である。増田昭子は、この赤飯は忌みを解くための食物と考えたが、自らも疑問視しているように、最も忌みの重くかかる親族が調整するのである。その点からも増田説は論理的に若干無理がある。

赤飯を食べる時期に注目すると、通夜あるいは野辺送りの直前という事例が東北地方に多い。しかも青森、秋田、山形の諸県では、チカラガユと称する小豆飯が作られ、団子と一緒に食べるという。チカラガユという名はもちろん、力をつける団子を一緒に食べるのは、出棺に先だって力をつけることに主眼があったと考えられる。新潟県の事例では何度も赤飯を食べているが、これは忌みの解除のためと考えるより、むしろ力をつけるために何度も食べると考えたほうが辻褄《つじつま》が合う。

赤飯は、祭りや結婚式などの慶事に使用されるので、慶事の食物という印象が強い。その結果、人々は葬式で赤飯を使用することに違和感を持ち、徐々に使用されなくなってきた。長寿者の葬式に赤飯を使用する地域では、たとえ葬式と赤飯の組み合わせが奇異だと思う人がいても、長寿者の葬式はお祝いであり、〈長寿＝慶事〉と認識されるならば、葬式の赤飯は伝承され続けるだろう。しかし、長寿者であっても赤飯は葬式に使用すべきでないという思考が、時代や社会の変化とともに支配的になってくると、葬式における赤飯使用の慣行は不謹慎と考える人が出てくるに違いない。

現在も葬式に赤飯を使用する地域では、葬式における赤飯の赤色を薄くする傾向にある。富山県や新潟県のように黒豆やインゲン豆を使用する地域もあるが、これらの地域では当初から黒豆を使用したのか不明である。黒豆に先行するのが小豆であるとすれば変遷を追うことができる。今後の大きな課題であろう。

かつて全国各地で葬式に赤飯が何の違和感なく使われていた。しかし、近代以降の色彩感覚の変化とともに「葬式の赤飯」に対する疑問が生じ、その結果としてバリエーションが見られるようになり、地域差となって表れたと考えられる。人々の赤飯観の根本的な変化は、葬式における赤飯と慶事における赤飯の区別化が大きく進んだことであろう。〈赤飯＝慶事〉という枠組みしか持たない現代人の感覚からすると、葬式に赤飯を使用することはたいへん奇異に映る。もちろん葬式を「凶事」と捉える感覚そのものを検討しなければならない。

赤飯の使用が変化する中で、地域によっては饅頭に変化している例もある。これは色彩感覚がまったくない。饅頭は外観が白色で中に黒あんが入っている。黒あんの材料は小豆である。この黒あんが葬式の黒色化を象徴すると考えるのは、こじつけに過ぎない。饅頭を使用する地域では、お菓子屋などの専門業者に饅頭を注文している。赤飯には親戚の相互扶助、饅頭には金銭が介在という特徴が見られ、商品化が進んでいることを指摘した。赤飯は自家製であるのに対し、饅頭は商品である。饅頭は明治以降に民間で使われるようになるが、赤飯と比べると分けやすく配りやすいという利点がある。葬式に用いる赤飯や饅頭は、葬式を執行するにあたって関係者が力をつけるための食物であった。

赤飯の入ったホカイ（行器）
群馬県前橋市富士見町横室

表　葬式の赤飯使用一覧

（文化庁編『日本民俗地図』Ⅶ、国土地理協会、一九八〇年より作成）

	調査地	種類・制作者	使用する時期	備考
1	北海道桧山郡江差町	白飯に色豆・親類	香典持参時	小夜食として三〜五升を持参
2	北海道亀田郡椴法華村	赤飯	葬式	
3	青森県東津軽郡平内町茂浦	赤飯	通夜	
4	青森県西津軽郡柏村桑野木田	小豆飯	不祝儀	力をつけるため
5	青森県西津軽郡深浦町大山	小豆飯	死んだ日から葬式の日まで	毎日もてなす
6	青森県弘前市一野渡	赤飯	仏事・法事	
7	青森県南津軽郡浪岡町王余魚沢	赤飯	葬式の日	力飯と呼ぶ
8	青森県下北郡大間町大間	赤飯	葬式・法事	マメ飯と呼ぶ色飯を作る
9	青森県下北郡大間町大畑	小豆飯	不祝儀	
10	青森県下北郡東通村目名	赤飯	葬式後	

11	青森県上北郡下田町本村	赤飯	通夜	夜食
12	青森県八戸市石手洗	小豆飯	不祝儀	
13	岩手県二戸郡安代町赤坂田	赤飯	葬式の夜から一週間	念仏にくる人が持ち寄る
14	岩手県紫波郡矢幅町煙山地区赤林	赤飯・親戚	死人が出たとき	夜食に食べてもらう
15	岩手県稗貫郡大迫町川目矢木沢	赤飯・近所	通夜	夜ヅメ菓子
16	岩手県花巻市轟木	赤飯	忌み明けの法事	一本箸で食べる
17	岩手県和賀郡和賀町岩崎	赤飯	人が死んだ時	
18	岩手県遠野市土淵	強飯	不幸のあった家	強飯とお金を線香料として包む
19	秋田県南秋田郡五城目町五城目	赤飯・小豆ママ	逮夜／四十九日	力粥といって湯をかけて食べる
20	秋田県平鹿郡雄物川町造山	小豆ママ	野辺送り	力粥という
21	秋田県雄勝郡稲川町大館	小豆粥	通夜	力粥という
22	山形県西村山郡西川町志津	赤飯	葬式	
23	山形県北村山郡大石田町次年子	赤飯	葬式翌日	親戚一同にご苦労ブリをする
24	山形県新庄市本合海	赤飯	葬式	親戚へ贈る
25	山形県最上郡最上町向町	赤飯	念仏初日の晩	念仏に来た人に振る舞う
26	山形県南陽市関根	赤飯・親族	葬式	

27	山形県西置賜郡白鷹町荒砥	赤飯	葬式	
28	山形県西置賜郡小国町小玉川	赤飯・親類	野辺送りの昼食	
29	山形県西田川郡温海町鼠ヶ関	赤飯	通夜	赤飯を供え仏前で食べる。死ブルマイという
30	山形県酒田市宮野浦	小豆粥	葬式の日の夜	一本箸で食べる
31	山形県飽海郡八幡町北青沢	赤飯・ごま塩なし	七日施餓鬼	念仏の婆様連への香典返し
32	福島県伊達郡梁川町八幡	赤飯・親類	葬式当日	ホカイに入れて喪主に贈る
33	福島県福島市飯坂町茂庭字梨平	シロブカシ	葬式	ごまをかけない
34	福島県安達郡安達町上川崎	赤飯・近親者	葬式	漆塗りのおひつ
35	福島県郡山市逢瀬町多田野別所	オケブカシ	葬式当日	
36	福島県田村郡常葉町久保	赤飯	葬式・法事	
37	福島県西白河郡矢吹町三城目	赤飯	葬式	
38	福島県西白河郡表郷村金山	赤飯	出棺前・法事	出棺前は会葬者に振る舞う
39	福島県喜多方市岩月町入田付	赤飯・豆なし	葬式	兄弟・叔父・甥の場合は五升ブカシ
40	福島県耶麻郡猪苗代町八幡字内野	赤飯	葬式（親・兄弟など）	フカシ見舞い
41	福島県河沼郡会津坂下町青木	赤飯	葬式	血縁の順にホゲに入れて持参
42	福島県大沼郡昭和村大芦	赤飯	葬式	

43	福島県いわき市小浜町	**赤飯**	法事	
44	福島県いわき市遠野町根本	**赤飯**	葬式の日	
45	福島県相馬郡飯舘村飯樋	**赤飯**	法事	
46	福島県相馬郡鹿島町川子	**赤飯**	葬式・法事	
47	茨城県那珂郡那珂町北酒出	**赤飯**	葬式	
48	茨城県稲敷郡牛久町城中	**赤飯・近親者**	葬式	
49	茨城県北相馬郡守谷町守谷	**赤飯**	弔い	
50	栃木県那須郡湯津上村蛭田	**白い強飯**	葬式・年忌	
51	栃木県那須郡烏山町大木須	**白フカシ**	葬式	
52	栃木県足利市高松町	**赤飯・親戚**	帰り念仏	赤飯→白米→現金
53	群馬県沼田市下川田	**赤飯**	ユミヤキ（葬式後一週間目）	夜食に念仏玉として出す
54	群馬県山田郡大間々町小平	**赤飯**	葬式	
55	千葉県船橋市金堀町	**赤飯**	葬式	
56	神奈川県愛甲郡清川村宮ガ瀬	**赤飯**	葬式	
57	神奈川県愛甲郡清川村煤ガ谷	**赤飯**	葬式	
58	神奈川県愛甲郡愛川町半原	**赤飯**	葬式の引き出物	赤飯の折りには赤い紙がつく

59	神奈川県高座郡海老名町上今泉	**赤飯・近親者**	葬式	赤いオハチに入れて贈る
60	神奈川県藤沢市宮前	**赤飯・近親者**	葬式	
61	新潟県岩船郡山北町鵜泊	**赤飯（色なし）**	葬式の前	赤飯はごま塩をかけず、色も付けない
62	新潟県岩船郡朝日村三面	**赤飯**	葬式	
63	新潟県岩船郡神林村宿田	**赤飯**	葬式	引き物（饅頭・麩・赤飯）
64	新潟県北蒲原郡中条町村松浜	**赤飯**	穴掘り	親戚が穴を掘る際に出す
65	新潟県北蒲原郡豊栄町新鼻	**白小豆の赤飯**	通夜	
66	新潟県新発田市道賀	**赤飯・身内・近所**	死亡の際	身内は五升、近所は三升を持参
67	新潟県新発田市滝谷	**赤飯**	葬式の前夜	通夜の村念仏に出す
68	新潟県東蒲原郡津川町津川	**赤飯**	葬式の晩・出棺前の食事	葬式の晩のお念仏の香典返し
69	新潟県東蒲原郡三川村内川	**赤飯・親族**	葬式	親族は五升を持参
70	新潟県加茂市上大谷	**赤飯**	出棺	
71	新潟県南蒲原郡下田村大谷地	**赤飯**	出棺前の食事	小豆の代わりにササゲを使う
72	新潟県見附市杉沢町	**赤飯・近親**	葬礼	ササゲをよく洗い流した色の付かないオコワ
73	新潟県三島郡越路町不動沢	**赤飯**	死亡の夜	トギ（通夜）に食べた
74	新潟県北魚沼郡堀之内町根小屋	**赤飯**	壇引き（一週間目）	葬式に関係した人の労をねぎらう

75	新潟県南魚沼郡六日町泉	**赤飯**	葬式	
76	新潟県南魚沼郡六日町畔地	**赤飯**	葬式	葬式のオチツキで朝食にした
77	新潟県中魚沼郡津南町宮野原	**赤飯・喪家**	葬式翌朝・年忌	赤飯を近所に配る
78	新潟県中頚城郡妙高村関山	**赤飯**	葬式	色を付けない赤飯
79	新潟県直江津市西横山	**赤飯**	野辺送り	駄賃として振る舞う
80	新潟県西頚城郡能生町筒石	**赤飯**	通夜	夜食
81	新潟県糸魚川市砂場	**赤飯**	通夜	小豆の赤汁を入れない
82	新潟県佐渡郡相川町関	**赤飯**	念仏	ミヨヤに以前赤飯を出していた
83	富山県西砺波郡福岡町沢川	**黒豆の強飯**	通夜	ヨトギの食事
84	富山県小矢部市石動町	**黒大豆の蒸したオコワ**	葬式前日の晩	ミタマという。今は茶菓子
85	富山県西砺波郡福光町小又	**赤飯**	葬式・法事	夜食
86	富山県砺波市紺屋島	**黒豆入りオコワ・親類**	通夜	
87	富山県東砺波郡井波町院瀬見	**黒豆入りオコワ・嫁の里**	通夜	
88	富山県新湊市放生津	**赤飯**	葬式	還暦を過ぎるとめでたいという
89	富山県富山市太田	**黒豆入りオコワ**	法事	ミタマという
90	富山県上新川郡大山町小坂	**赤飯**	葬式	

91	富山県富山市水橋町沖	アカママ・親類	通夜	
92	富山県中新川郡大山町小坂	赤飯	葬式	
93	富山県中新川郡上市町東種	小豆飯	通夜・野帰り晩	野帰りの晩は強飯→饅頭
94	富山県魚津市池谷	赤飯	葬式	近所・親戚に配る
95	富山県黒部市立野	赤飯	葬式	葬式のデタチに作る
96	富山県下新川郡入善町上野	赤飯・近親	葬式	ヤガイに贈る
97	石川県鳳至郡穴水町曽良	赤飯	野辺送り後	精進料理と一緒に出す
98	石川県鳳至郡門前町黒島	赤飯・親戚	葬式	死亡した家の者が煮炊きをするとご飯その他の物が赤くなる
99	石川県羽咋郡高浜町福野	赤飯	初七日	
100	福井県坂井郡三国町安島	赤飯	デタチ七日	出棺の日にやってしまう
101	長野県小県郡長門町長窪古町	黒豆蒸し物・近しい者	葬式	
102	長野県更級郡大岡村仏風	黒豆の強飯・近親者	通夜	弔い客に配った
103	長野県長野市松代町豊栄牧内	インゲン豆の強飯・近親者	不幸	
104	長野県上高井郡東村仁礼	黒豆の強飯	通夜	
105	長野県下水内郡栄村上ノ原	赤飯	法事	
106	長野県茅野市南大塩	赤飯・近親	弔い	親には一斗、兄弟には五升

107	長野県上伊那郡辰野町飯沼	**赤飯**	葬式	
108	長野県下伊那郡高森町上平	**赤飯・近親**	葬式	小豆を少な目にして色を薄く
109	岐阜県郡上郡奥明方村畑佐	**赤飯**	三十七年忌	オケソクに入れて赤飯を配る
110	岐阜県海津郡海津町福江	**赤飯**	葬式翌日	重箱に詰めて配った
111	静岡県静岡市川合	**赤飯**	年忌	年忌に招かれたときに贈る
112	静岡県小笠郡城東村下土方	**赤飯・親類**	葬式	赤飯は会葬者に配る
113	静岡県小笠郡大須賀町山崎	**強飯**	初七日	黒大豆または白大豆を使う
114	静岡県浜松市庄内町呉松	**赤飯**	香典返し	丸く握る。大きさが財産を表す
115	愛知県中島郡祖父江村祖父江	**赤飯・親戚**	葬式の翌日	七日の見舞い
116	愛知県南設楽郡作手村菅沼	**赤飯**	盆の十三日	初盆のお念仏に出す
117	滋賀県伊香郡余呉村上丹生	**オコワ・親戚**	通夜	親戚からのお通夜見舞い
118	滋賀県野洲郡守山町赤野井	**小豆ぜんざい**	葬式の日の昼	精進料理と一緒に出す
119	兵庫県宍粟郡千種町西河内	**赤飯**	初めての逮夜	
120	奈良県御所市櫛羅	**赤飯**	葬式明けの日	イロナオシ。皆に食べさせた
121	鳥取県日野郡溝口町畑池	**赤飯**	五十日忌み明け	親戚を招く
122	鳥取県日野郡日南町多里	**赤飯**	法事	

123	島根県能義郡広瀬町東比田	**赤飯**	法事	
124	岡山県和気郡吉永町今崎	**赤飯・親戚**	法事	垣内の親戚に配る
125	広島県竹原市竹原町	**赤飯**	法事	
126	山口県大津郡日置村黄波戸	**赤飯・親族**	初七日	饅頭に変わりつつある
127	山口県長門市俵山湯町	**赤飯・親族**	中陰	現在は饅頭に変わった
128	山口県萩市大井字土井	**小豆飯・親戚**	葬式	イッシンといって贈る
129	山口県阿武郡阿東町嘉年	**赤飯**	四十九日	親戚や仕講内に返礼のあいさつ 南天の葉を裏にする
130	徳島県勝浦郡上勝町旭	**赤飯**	四十九日の法事	親類や悔やみをくれた家に配る
131	徳島県三好郡三好町足代	**赤飯**	死後六日目	
132	香川県高松市男木島	**小豆粥**	法事	
133	香川県大川郡白鳥町五名	**オコワ**	七日ごとの法事	餅米と小豆を蒸籠で蒸す
134	香川県大川郡大内町誉水	**赤飯・親戚**	死後六日後	夜長といって赤飯を持参する
135	香川県香川郡塩江町上西	**赤飯・親戚**	死後七日法事	
136	香川県綾歌郡綾上町山田	**赤飯・親戚**	七日	
137	香川県仲多度郡琴南町美合	**オコワ**	四十九日	四十九日のオコワに塩を入れた
138	香川県三豊郡大野原町井関	**赤飯**	葬式	夜食に食べた

139	愛媛県宇和島市九島	小豆飯	葬式	見舞いと称する
140	愛媛県北宇和郡宇和海村日振島	小豆飯	念仏	
141	長崎県大村市松原	赤飯	四十九日	丸形の握り飯
142	熊本県玉名郡長洲町腹赤	赤飯	命日	
143	熊本県八代郡泉村柿迫岩奥	小豆飯	葬式	
144	熊本県天草郡有明町大島子	赤飯	四十九日	
145	大分県下毛郡三光村深秣	赤飯	仏事	小豆の代わりにミトリ豆を使う
146	大分県下毛郡耶馬渓村宮園	赤飯	初盆	
147	大分県玖珠郡玖珠町古後	小豆飯	初盆の十五日	
148	宮崎県東臼杵郡椎葉村大藪	赤飯	祖先の命日	縁者に配る
149	鹿児島県揖宿郡開聞町脇浦	赤飯	年忌	
150	沖縄県名護市名護	赤飯	三十三年忌	
151	沖縄県八重山郡竹富町西表祖納	赤飯	二十五年忌から	

《注》

（1）小林忠雄は、石川県美川町湊で、天明、天保年間の香典帳に「赤まま〇重」と書かれた事例を紹介している。そして赤飯の香典は嘉永年間になると「みたま〇重」という表現に変わり、以後赤飯の記載は見られないと指摘する〔小林忠雄　二〇〇〇　一七〕。

（2）佐藤米司は「生と死」（『日本民俗学講座2』）で新潟県北蒲原郡赤谷村の赤飯使用例（同書三一八ページ）と佐渡の佐和田町デハノニギリの赤飯の事例（同書三二三ページ）を紹介している。佐渡の事例は井之口が紹介した事例と同じである。

（3）小林一男の調査資料によると、昔は野辺送りの参加者に赤飯のおにぎりを配ったが、現在は念仏講のおばあさんたちに限られているという（資料の使用については金田久璋氏の協力を得た）。

（4）筆者調査。本文中で特に断りのない事例は筆者の調査資料である。

《参考文献》

石森秀三　一九八四　「死と贈答」『日本人の贈答』ミネルヴァ書房
伊勢崎尋常小学校編　一九一〇　『上野国伊勢崎郷土誌』伊勢崎尋常小学校
板橋春夫　一九九〇　「近世後期における葬式と赤飯・饅頭―佐位郡大田村の事例を中心に―」『伊勢崎市史研究』八号　群馬県伊勢崎市（のち、『葬式と赤飯―民俗文化を読む―』に所収）
板橋春夫　二〇〇〇　「長寿のあやかり―赤飯・長寿銭の習俗―」宮田登・森謙二・網野房子編『老熟の力―豊かな〈老い〉を求めて―』早稲田大学出版部
井之口章次　一九七七　『日本の葬式』筑摩書房
大野一郎　一九九六　「ダイカイ考―贈答器をめぐる諸問題―」『民俗的世界の探究―かみ・ほとけ・むら―』慶友社
小川直之　一九八九　「贈答の容器」『民具マンスリー』二二巻六号　日本常民文化研究所

鎌田久子　一九九〇「斎日の飯」『女性と経験』一五号　女性民俗学研究会
国立歴史民俗博物館　一九九九『死・葬送・墓制資料集成』東日本編2　国立歴史民俗博物館
小林文夫　一九五一「二戸の小豆を食べる日―岩手県二戸郡浄法寺町下沢―」『民間伝承』一五巻一一号　民間伝承の会
小林忠雄　二〇〇〇『江戸・東京はどんな色』教育出版
今野円輔　一九六四『季節のまつり（日本の民俗7）』河出書房
佐藤米司　一九七六「生と死」『日本民俗学講座』2　朝倉書店
新谷尚紀　一九九二『日本人の葬儀』紀伊国屋書店
総社町誌編纂委員会編　一九五六『総社町誌』群馬県総社町
都丸十九一　一九九七『上州歳時記』広報社
新田町誌編さん室編　一九八二『人の一生』群馬県新田町
文化庁編　一九八〇『日本民俗地図』7巻（葬制・墓制）国土地理協会
増田昭子　一九八九「葬式と赤飯―多摩地区を中心に―」『ふるさと多摩』二号　東京都多摩市
最上孝敬　一九五八「葬祭」『郷土研究講座5社会生活』角川書店
茂呂尋常小学校編　一九三六『郷土調査』茂呂尋常小学校
安室　知　一九九九『餅と日本人』雄山閣出版
柳田国男ほか　一九六九『稲の日本史』上　筑摩書房
柳田国男　一九五一「知りたいと思うこと二三」『民間伝承』一五巻七号　民間伝承の会
柳田国男　一九九〇「生と死の食物―採集記録の前に―」『柳田国男全集』一七巻　ちくま文庫
山口弥一郎　一九五一「吉凶に用いる小豆の感覚」『民間伝承』一五巻一一号　民間伝承の会

コラム

ポックリ信仰

加齢と信仰　老人は宗教的行為に深く関わる場合が多く、昔は六十歳を境に死の世界に入る心の準備をした。宗教学者の鈴木岩弓によると、日本人の宗教行動の特徴として、加齢とともに信仰熱心になる傾向があるという。具体的には加齢とともに仏壇や神棚《かみだな》を所持する率が増え、仏壇や神棚に手を合わせる機会も増してくる。ポックリ信仰もこの信仰熱心になる年齢と深く関わる〔鈴木　二〇〇四　二四九〜二五〇〕。近代の家族と介護のあり方を探るうえで、避けて通れないのが老人の生き方であり、その延長線上に安楽死や尊厳死の問題が位置している。老いを語り、老いに学ぶ姿勢は、日本人の「いのち」の問題を考えることに連なり、「ポックリ信仰」は、日本人の長寿観や往生《おうじょう》思想にも関わる重大な問題を内包している。

ポックリ信仰の諸相　昭和四十七年（一九七二）に有吉佐和子が小説『恍惚《こうこつ》の人』を世に問い、その中でポックリ信仰に触れたところ、にわかに注目され社会現象として爆発的に流行した。長《なが》患《わずら》いをしないで、コロリあるいはポックリと死ねるようにと神仏に拝む習俗、すなわちポックリ信仰の存在がクローズアップされたのである。松崎憲三『ポックリ信仰』（慶友社、二〇〇七）によると、関東・

東北地方はコロリ観音、イビダレ地蔵が祀《まつ》られ、中国・四国地方では嫁入らず観音が比較的盛んであり、さらに阿弥陀《あみだ》・那須与一《なすのよいち》を祀る地域は近畿を中心とする西日本に多いという。これら堂宇《どうう》への参詣は女性が主体となっており、その祈願対象は庶民になじみ深い地蔵や閻魔《えんま》大王などで、特にイビダレ除け、タレコ止めなどといった現世利益信仰が特色とされる。

福島県大沼郡会津美里町の中田《なかた》観音は「抱きつきの観音」といい、観音様に一度抱きつくと寝込んでから一日、二度抱きつくと二日でポックリ往生できるといい、多くの老人の参詣《さんけい》がある。東京都新宿区の「矢来のお釈迦様」も苦しまずに死ねるという信仰があった。静岡県田方《たがた》郡天城湯ヶ島《あまぎゆがしま》町の明徳寺は、別名「チョーツバの神さん」で知られる。男根《だんこん》型の自然石をおさすりして厠《かわや》をまたぐと下《しも》の世話にならない。下着を買い求める参詣者でにぎわっている。奈良県生駒《いこま》郡斑鳩《いかるが》町の吉田寺は、ポックリ往生の寺として知られる。肌着を持参し祈祷《きとう》してもらうと長く病まずに極楽《ごくらく》往生できるといい、「腰巻きのお寺」の別称もある。岡山県井原市の「嫁いらず観音」は、ここで下着祈願を行うと下の世話で嫁の手を煩《わずら》わすことなくポックリ往生できるという。

安楽に死ぬ

このようにポックリ信仰は、いずれも安楽に死ねるという願いが込められるが、本質的には長寿の願いを込めた現世利益的な信仰である。ポックリ信仰は形を変えながら全国各地に分布しているが、老人は家族に迷惑をかけず、長患いをして下の世話にならずに済むように、そして安楽に死ねるように祈願する。各地のポックリ信仰の対象寺院では、近世期から地元で信仰されてきたが、一年間に何万人もが参詣に訪れることはなかった。現代のポックリ信仰を宣伝したのはマスコミであり、それを支えたのは老人たちであった。

《参考文献》鈴木岩弓　二〇〇四「老いと宗教」／池上良正ほか編『岩波講座宗教7　生命―生老病死の宇宙』岩波書店／松崎憲三　二〇〇七『ポックリ信仰』慶友社

長寿銭の習俗

長寿観の一側面

問題の所在

平成九年（一九九七）十二月、妻が葬式で「長寿銭《ちょうじゅせん》」と印刷された小さな祝い封筒をもらってきた。中に入っていたのは百円硬貨と五円硬貨。これが長寿銭と私の初めての出合いであった。葬式に祝儀用小封筒。この一見奇妙な組み合わせを読み解くために長寿銭を追い続け、事例の採集過程で「長寿とは何か」を考えることになった。

一九七〇年代の民俗調査では、調査項目に米寿《べいじゅ》の祝いはあったが、具体例として聞き書きすることは稀《まれ》であった。むしろそれほど長生きはできないという会話に移っていったことを記憶している。九十九歳の白寿《はくじゅ》にいたっては、話題にもならなかった。それがどうだろうか。平成十年九月、百歳以上の長寿者が一万人を突破した。もはや人生百年は珍しくなくなったと言える。百歳

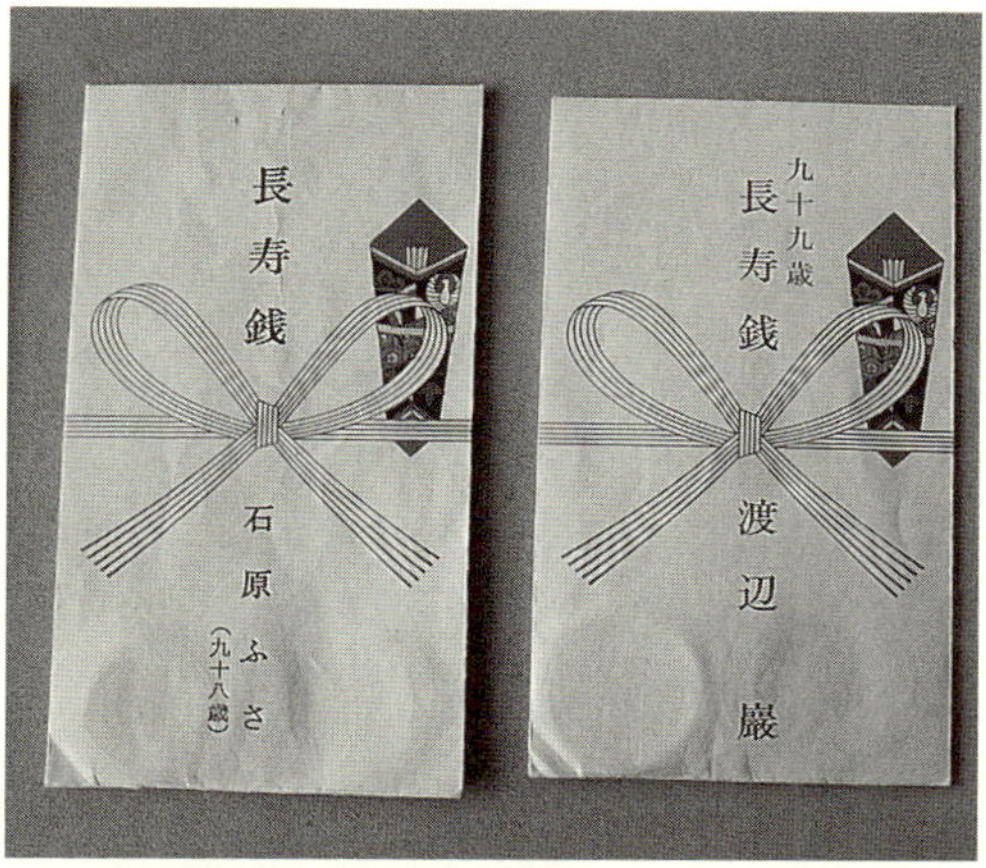

長寿銭の例

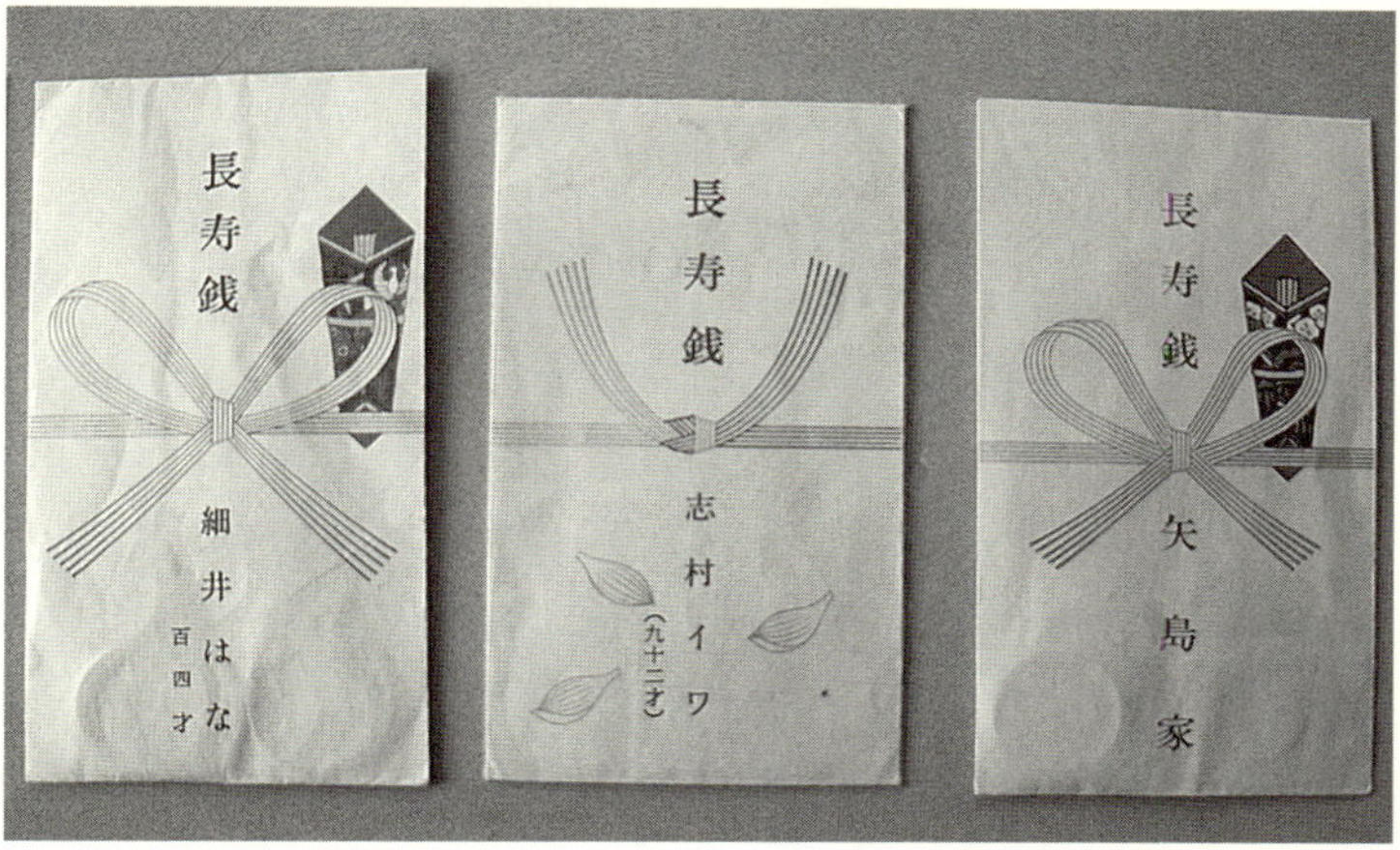

写真の長寿銭は何度も手にしたので袋の中の硬貨の大きさが型押しされて分かるようになっている。上段の「渡辺巖」の袋には500円硬貨が入り、下段の「細井はな」の袋には100円と5円の硬貨が入っている。下段の「志村イワ」の袋は他の袋のデザインと異なり、不祝儀の結び模様で蓮が散る図柄である。

以上の長寿者のいちじるしい増加に象徴されるように、わが国の長寿化は予想を上回るスピードで進展している。

百歳一万人。とは言っても家族や親戚に百歳の長寿者がいることは稀であり、私たちが一生の間に百歳のお祝いをする経験も稀であろう。そこで長寿者の葬式において参列者に配られる長寿銭が稀少価値を生み出す。本稿は、長寿者の葬式で会葬者《かいそう》に配られる長寿銭を取り上げる。日本人の長寿観の一端を明らかにすることが第一の目的である。また、長寿銭は長寿者の葬式だけにみられる習俗であるから、必然的に長寿者の生死観についても触れることになる。これは本稿の目的の一つでもある。

1 長寿銭の諸相

「長寿銭」という用語は辞書に載っていないが、いかにもありそうな言葉である。長寿は長生き、長命《ちょうめい》であるから、それに関わるお金ということになる。実際には百歳近い人の葬式で配られるお金である。まず、現在までに調査することのできた「長寿銭」の事例を紹介したい。事例は県内から県外の順とした。また、類型化を図るために、**①死亡年月日、享年**（**数え年**）、**②袋の大きさ・記された情報**、**③袋の中身**、の順で記した。

【事例1】 伊勢崎《いせさき》市連取町《つなとり》　森村加津さん（百歳）

① 平成七年一月八日没。百歳。
② 縦一二・二センチ×横七・一センチ。「百歳、長寿銭」「森村加津」
③ 平成二年銘の百円硬貨

森村加津さんは明治二十七年十二月八日生まれで、平成七年一月八日に亡くなった。二か月後に「小朝が参りました」から取材申し込みがあった。亡くなったことを話したら残念がっていたという。墓地の過去碑には百二歳と刻んである。百歳の長寿にあやかって参列者に長寿銭を配ることにした。いただいた人は大事に財布の中に入れたり、孫の鞄《かばん》に入れて交通安全の守りにしているという人もいる。袋の中のお金は百円硬貨であった。急ぎのことなので新しい硬貨というわけにはいかなかった。なお、森村家の親戚で最近九十五歳で亡くなった人がいるが、その家でも長寿銭を出した。袋は祝い封筒でなく、白封筒であった。大体九十歳を過ぎればお祝いであると考える。（話者、森村キヨさん）

【事例2】 伊勢崎市昭和町　桑原角太郎さん（九十九歳）

① 平成七年四月二十九日没。九十九歳。

② 縦一二センチ×横七・一センチ。「白寿、角太郎」

③ 百円硬貨・五円硬貨

桑原角太郎さんは、明治三十年一月十四日生まれで平成七年四月二十九日に亡くなった。ぼけずに元気で生活していた。長寿銭は「白寿、角太郎」と印刷した。そして百歳まで「ご縁」があるようにというので、百円硬貨と五円硬貨を入れた。同居している三男の政治さんが当時銀行に勤めていたので新しい硬貨を用いることができた。会葬に来てくれた人に配った。通夜には配らなかったので通夜だけに来た人が欲しがり、何人かにやった。九十九歳で、百歳に一年足りなかった。天増寺《てんぞうじ》（曹洞宗）の檀家総代《だんかそうだい》を長く勤めていたので、八十五歳ころに「伯寿院」という戒名をもらっていた。亡くなったときの戒名《かいみょう》は「伯寿院如角法蔵居士」と付けられた。

昭和五十九年五月に八十八歳の祝いをした。このときは赤いちゃんちゃんこと赤い帽子を夫婦でかぶった。写真と「八十八令、吉、桑原角太郎、げん」と書いた色紙を親戚に配った。げんさんは九十二歳で亡くなった。戒名は「安寿院如玄恒福大姉」である。角太郎さんは百歳に近かったので、句を彫った大きな石を天増寺の山門前に記念に奉納した。なお、この長寿銭をもらった人の何人かは、タンスの引き出しの中に入れて保存しているという。（話者、山本とみ子さん〈角太郎さん三女〉）

【事例3】伊勢崎市安堀町《あんぼり》　渡辺巌さん（九十九歳）

① 平成七年五月二十八日没。九十九歳。

②縦十二・一センチ×横六・九センチ。「九十九歳、長寿銭」「渡辺巌」

③百円硬貨

伊勢崎市安堀町の渡辺巌さんは、明治三十年十一月十五日生まれで、平成七年五月二十八日に満九十七歳で亡くなった。会葬者に長寿銭を配った。祝い封筒に「九十九歳、長寿銭」「渡辺巌」と印刷した。巌さんの長男文夫さん（大正十三年生まれ）は、市内美茂呂《みもろ》町に嫁いでいる妹から同市大字茂呂で葬式に長寿銭を出した家があることを教えてもらった。巌さんが九十二歳ころに寝込んでしまったので、文夫さん夫妻は折に触れ五百円硬貨を集め始めた。新しい百円硬貨がよいともいわれるが、使用済みの五百円硬貨を集めることにした。長寿でいられたのは皆さんのおかげであるということから、年金でもらったお金を出すような気持ちで五百円硬貨にした。五百円にした理由を「ナリッコがいいから」と説明してくれた。ナリッコは方言でちょうどきりのよい数字というほどの意味である。

巌さんは三郷《みさと》地区の長者番付で五年ほど横綱を勤めた。文夫さんによれば、巌さんは百歳に近いし、三郷地区では男性の最長老であったので亡くなったときは長寿銭を出そうと考えていたという。そのために準備を始めた。巌さんは普光寺《ふこうじ》（天台宗）の檀家総代をしていたので生前に「祐巌」という戒名をいただいており、亡くなったときは「大寿院常楽祐巌道翁居士」という長寿にちなんだ戒名をいただいた。

通夜は身内だけで済まし、告別式には長寿銭を三百袋用意していたが、大勢の会葬者があり、印刷を追加し最終的には五百袋を超えた。当時、長寿銭は珍しかった。それで赤い袋は何だろうとか、葬儀社にどのように使うのかなどと問い合わせがあったという。孫娘が嫁いだ佐波《さわ》郡東村（現伊勢崎市）の大山家では、縁起がよく、たくさんの人に見てもらうために茶の間に画鋲《がびょう》でとめて飾ってある。このようにしている家は何軒かあるようである。なかにはカバンに入れて持ち歩いている人もある。渡辺さん宅で長寿銭を配った以後、近所で九十八歳と九十九歳の高齢者が亡くなったが、いずれも長寿銭を出した。中には五百円硬貨を入れた。恐らく渡辺家の例を模倣したと考えられる。巌さんは八十八歳の祝いのときに「長寿祝　渡辺巌」と蓋《ふた》に名を入れたお茶菓子器を身近な親戚に配っている。（話者、渡辺文夫さん、孫の大山公子さん）

【事例4】　伊勢崎市茂呂町二丁目　矢島いしさん（百一歳）

① 平成八年十二月八日没。百一歳
② 縦一二・一センチ×横七・一センチ「長寿銭」「矢島家」
③ 百円硬貨

伊勢崎市茂呂町二丁目の矢島いしさんは、明治二十八年十二月二日生まれで、平成八年十二月八日に満百一歳で亡くなった。亡くなる二か月前まではたいへん元気で、留守番などもできるくらいであった。十月に市内の病院へ入院し、そこで死亡した。矢島寿子さんによれば、いしさんが百歳になったころに家族で長寿銭が話題になった。そのきっかけは、【事例1】の森村加津さんの葬式に長寿銭が配られたことを、友人が教えてくれたからである。そして、いしさんが亡くなったときに長寿銭を配ろうというい話になった。袋は葬儀社が印刷してくれ、子や孫が手分けで百円硬貨を袋に詰めた。葬儀社は長寿銭の存在を知っていたようである。長寿銭を葬式当日、会葬者に配ったところ、たいへんありがたがられた。足りなくなって子や孫の長寿銭を返してもらって配るような状況であった。年輩の人たちは長寿銭を大切に保管し、長寿にあやかりたいと話していたという。（話者、矢島寿子さん）

【事例5】 伊勢崎市安堀町　清水国松さん（九十二歳）

① 平成九年六月三日没。九十二歳。
② 縦九・七センチ×横六・一センチ
③ 五十円硬貨

清水国松さんは明治三十八年五月二日生まれで、平成九年六月三日に死亡した。数年前に長男の浩さんが葬式で群馬町棟高まで出かけた。会葬に行った家は八十八歳の祝いの準備をしていて誕生日直前に亡くなってしまった。会葬で小さな祝い封筒をもらってきた。その中には十円玉が数枚入っていた。国松さんが亡くなり、告別式の日取りが決まってから長寿銭を出すことにしたので、袋に印刷する時間がなかった。そこでワープロで文章を打って紙片を入れることにした。その紙片（縦七・五×横五センチ）は次のように印刷されている。

「長寿銭
白寿には手が届きませんが
明るく楽しく生きられました
皆様ありがとうございました
故清水國松（九十二歳）」

この文章は浩さんが考えた。袋にはセロテープが貼ってあり、はがして見たところ、昭和五十三年銘の五十円硬貨が入っていた。群馬町で配られたときは十円玉数枚であったので自分の家で配るときは切りのよい五十円硬貨にしよう考えたという。この五十円硬貨は、「ご縁（＝五円）」が十倍あるようにという意味である。長寿銭をもらった友人は珍しがり、大事に神棚へ上げた友人もあった。（話者、清水浩さん）

【事例6】 伊勢崎市山王《さんのう》町 村上千蔵さん（満九十二歳）

① 平成九年七月八日没。満九十二歳
② 縦一二・三センチ×横七・一センチ。「長寿銭」「村上家」（セロテープで封）
③ 百円硬貨（平成四年銘）

村上千蔵さん（明治三十九年三月一日生まれ）が亡くなったとき、葬儀社から「長寿銭の袋がありますがどうしますか」と聞かれた。かってもらった経験があり、九十歳を超えたのだから長寿銭を出そうということになった。告別式のときにもらった人は大事に財布の中に入れておく人もある。その後、北群馬郡榛東村《しんとう》に住むの親戚の葬式で七十九歳の男性の長寿銭をもらってきた。現在では七十代は老人という感じがしない。七十代の長寿銭というのは少し不自然な感じがした。その長寿銭の袋は紅白の祝い封筒で中に五円玉が入っていた。（話者、村上利子さん）

【事例7】　伊勢崎市波志江町《はしえ》　細井はなさん（百四歳）

①　平成九年十二月一日没。百四歳。
②　縦一二・四センチ×横六・九センチ。「長寿銭」「細井はな、百四才」
③　百円硬貨と五円硬貨

伊勢崎市波志江町新宿の細井はなさんは、明治二十七年六月四日生まれで、平成九年十二月一日に満百三歳で老衰で亡くなった。この細井家の葬式で「長寿銭」「細井はな、百四才」と印刷された小さな祝封筒が葬式の引き出物と一緒に配られ大変喜ばれた。当日の会葬者は多かったので、この長寿銭はすべての人に行き渡らず、もらえなかった人たちからどうしても欲しいと言われた。そこで四十九日法要の前に印刷会社に頼んで袋を増刷し、袋の中には葬式当日と同じ百円硬貨と五円硬貨を入れ、仏壇に上げてお坊さんに拝んでもらい、行き渡らなかった人へ配った。なぜこの長寿銭を出したかということであるが、孫の西川知枝子さんの話によると、①西川さんが何度かこのような長寿銭をいただいた経験があり、②百歳を超えて縁起がよいということ、③お守りの代わりのようになるという感じがしたので、遺族が話し合って、今回の会葬礼に付けることにしたという。もらった人はうれしいというのが率直な感想であったようである。そしてこの長寿銭を珍しいと感じる四十代の人たちには百歳を超えた長寿にあやかるという気持ちは二の次である。

この袋の中には百円硬貨と五円硬貨が入っている。最初は百円硬貨を入れて長寿にあやかるようにということを考えた。伯父が、ご縁があるように五円硬貨を入れたらどうかという意見を出したので古い百円硬貨と新しい五円硬貨を入れることになった。百円硬貨は都合で新しいのが用意できなかった。（話者、西川知枝子さん）

【事例8】伊勢崎市連取町　森村ともさん（九十六歳）

① 平成十年一月八日没。九十六歳。
② 小祝封筒
③ 百円硬貨

森村ともさんは明治三十五年五月二日生まれで、平成十年一月八日に亡くなった。ほとんど病気らしい病気をしたことはなく、草むしりをしたし、家の留守番をしてくれていた。医者も驚くほど元気であった。百歳近いので長寿銭を出すことにし、会葬者全員に配ったところ大変喜ばれた。この長寿銭を持っていると長生きができると言われる。同じ町内に住んでいた井草さんが亡くなったときに氏子《うじこ》総代の関係で知り合いだったので告別式に出かけた。そこで長寿銭をいただいた経験がある。（話者、森村園一さん）

【事例9】 伊勢崎市大字茂呂　石原ふささん（九十八歳）

① 平成十年四月二十一日没。九十八歳。
② 縦一二・五センチ×横六・九センチ。「長寿銭」「石原ふさ（九十八歳）」
③ 百円硬貨（平成九年銘）

石原ふささん（明治三十二年九月一日生まれ）は、亡くなる前から葬式のときの撒《ま》き銭《せん》にする小銭を貯めており、「死んだときに使ってくれ」と話していた。ニワマワリ（庭回り）のときにお金を降らすが、全部の人が拾えるわけでもないので取り巻きの人に配っている。告別式が済むと出棺となるが、近年は会葬者が出棺時にいないことが多い。それで長寿銭が始まったのではないかという。ふささんの戒名は「浄光院要室貞総大姉」である。昔から長生きした人の場合はお祝いだという感じであった。石原春夫さんによると葬式でもまったく暗くなく、ドウジョウバライ（道場払い）のときはにぎやかなものであったという。長寿銭を出す年齢は特に決まりはないが九十歳を過ぎた人が多い。長寿にあやかりたいと大事にする人もいる。（話者、石原春夫さん）

【事例10】 伊勢崎市曲輪《くるわ》町 森村惣蔵さん（百一歳）

① 平成六年十二月十四日没。百一歳。
② 縦一二・二センチ×横七・二センチ。「百一歳、長寿銭」「森村惣蔵」
③ 百円硬貨（昭和四十九年銘）

森村惣蔵さんは、明治二十六年十月十六日の生まれ。若いときは病弱であった。六十歳を過ぎて偶然俳句を始め市民俳句会やいくつかの俳句結社に参加して長生きするようになった。少し神経質なくらい身体を大事にする性格で、これは子どもが五人が生まれてすぐに疫痢《えきり》などで早死したことも影響しているという。間食を絶対せず、食事も小魚と大根、人参などの野菜を好んで食べた。亡くなる数年前に桐生市の特老ホームに入ったが、百歳のときにはホームでお祝いをしてくれた。お祝いの品として俳句を伊勢崎織物に織り上げたテーブルクロスを特注して配った。亡くなって懇意している葬儀社に相談したところ、長寿銭というのがあることを教えてもらい、会葬者に配ることにした。市の斎場で葬式を行った。三百枚用意したが足りなくなって増し刷りをした。縁起が良いというので袋ごと財布に入れて持ち歩いている人もいるようである。佐波《さわ》郡境《さかい》町（現伊勢崎市）下武士《しもたけし》の能満寺《のうまんじ》（真言宗）が旦那寺で、そこから「森厳院遠想寿翁居士」という戒名をいただいた。（話者、森村俊之助さん）

【事例11】 佐波郡玉村町川井　斎藤貞三さん（九十六歳）

①平成八年十月二十四日没。九十六歳

②縦九・六センチ×横六センチ。「長寿銭」「故斎藤貞三（九十六才）」

③百円硬貨

斎藤正彦さんは父貞三さん（明治三十四年一月一日生まれ）が亡くなる数年前、佐波郡玉村町樋《ひ》越《ごし》の杉内という九十五歳の人の葬式で長寿銭をもらった。九十歳を過ぎれば万々歳という気持ちもあったし、父が病院で亡くなる三十分前に「みんなに親切にしてもらったので長生きできた。近所や親戚あちこちへお礼を言ってくれ」という趣旨の話をした。そして話し終わると「ああくたびれた」と眠ってしまい、数時間後に息を引き取る大往生であった。父の遺志を地域の人にどのように伝えたらよいかを考えていたところ、かつてもらった長寿銭のことを思い出した。そこで印刷をして葬式当日に長寿銭を配った。

正彦さんの弟は八王子市内の会社に勤めており、そこで長寿銭が話題になり、社員みんなが長寿にあやかりたいと欲しがり、後日二百部ほど増し刷りして送った。八王子市では長寿銭の習慣が珍しかったようである。川井地区では一番早い例であるという。貞三さんの戒名は玉村町飯倉の慈恩寺《じおんじ》（真言宗）から「寿照貞純岳翁居士」を受けた。なお、母は父よりも数年前に亡くなった。九十二歳であったが、そのときは長寿銭は出さなかった。その後、川井地区でも長寿銭を配る家が出てきた。また、平成十年九月十七日に藤岡市本号の土師《はじ》神社近くの親戚で葬式があった。八十九歳の女性で長寿銭を配った。正彦さんは昔は撒き銭を振ったときはたくさん大人や子どもが拾ったが、今はほとんど拾わない。それで長寿銭のような習慣ができたのではないかと考えている。（話者、斎藤正彦さん）

【事例12】　伊勢崎市安堀《あんぼり》町　阿部よしさん（九十九歳）

「九十九才長寿銭、阿部家」とある。「九十九才」は毛筆であるので印刷後記入されたものである。中には五百円硬貨が入っていた。

【事例13】　伊勢崎市安堀町　深町もとみさん（九十八歳）

「九十八才長寿銭、深町家」とあり、「九十八才」の文字は毛筆で後ほど書き入れられたものである。中には五百円硬貨が入っていた。

【事例14】　伊勢崎市昭和町　峰岸美知与さん（九十五歳）

「長寿銭、峰岸美知与（九十五才）」と印刷されている。中には昭和三十七年の五円玉が入っていた。

【事例15】 太田市新野《にいの》 武内いとさん（百歳）

① 平成八年二月二十六日没。百歳。
② 袋なし（当初は袋に入っていた）。「一〇〇歳長寿銭、武内いと」
③ 五円硬貨・五十円硬貨

太田市新野の武内いとさんは、明治二十八年四月四日生まれで、平成八年二月二十六日に亡くなった。満百歳であった。葬式当日に五円硬貨と五十円硬貨を紅白の紐で結び、それを小封筒に入れ、葬式の参列者に配った。五円硬貨と五十円硬貨は昭和四十三年銘《めい》である。必ずしも新しい硬貨ではない。親戚の一人として葬式に参列して長寿銭をもらってきた福島久允さんは袋を開封し、お金だけを神棚に上げ、袋は処分したという。なお、身内には百円硬貨を入れた袋を配った。見せていただいた袋は糊《のり》付けしてあったものを、鋏《はさみ》で切って中の硬貨を出したものであった。袋には「一〇〇歳長寿銭、武内いと」と印刷してある。（話者、福島久允さん）

【事例16】 前橋市 高坂岩居さん（九十八歳）

普通の大きさの祝い封筒で、「長寿銭、岩居九十八歳十一ケ月、高坂家」と毛筆で書かれている。四十九日に配った。中には五百円の新札紙幣が入っている。

【事例17】　群馬郡群馬町棟高　志村イワ（九十二歳）

①　平成六年一月三十日没。九十三歳。

②　縦七・〇センチ×横一一．九センチ、「長寿銭」「志村イワ（九十二オ）」

③　十円硬貨（五枚）

祝い封筒でなく、仏事用の小封筒である。九十歳以上の人が亡くなると長寿銭を出す家が多い。志村家よりも早い事例があり、古くから行われていた習慣ではないかという。葬儀社が仏事用の封筒を印刷してくれた。

【事例18】　吾妻《あがつま》郡六合《くに》村引沼　山本しかさん（百歳）

①　平成六年九月二日没。百歳。

②　縦一二・一センチ×横七・一センチ。「長寿銭」

③　百円硬貨（糊付けのため年号未確認）

山本しかさんは明治二十七年七月五日生まれで、平成六年九月二日に亡くなった。満百歳であった。六合村引沼村で百歳に到達した二人目であった。村では百万円をプレゼントする制度があり、しかはその対象になった。お祝いをしてシンセキや村中に引き出物を配った。しかさんが亡くなったときは会葬者全員に「長寿銭」とワープロで書いた白色の封筒を配った。小袋の中には百円玉が入っている。この長寿銭をもらった根広の中村すみさん（昭和四年生まれ）は、仏壇の引き出しにしまっておいた。長寿銭は山本茂樹さんがたまたま上毛新聞に長寿銭の投書を見て、それは大変よいことのように思えたので自分でもやろうと思い、実行したという。（話者、引沼、山本茂樹さん、根広、中村スミさん）

【事例19】吾妻郡六合村引沼　山本さとさん（百歳）

引沼の山本さとさんは昭和四十六年に亡くなった。百歳であった。百円硬貨を半紙で包んで会葬者に配った。（話者、根広、中村スミさん）

【事例20】藤岡市　小林カツさん（九十三歳）

① 平成九年没。九十三歳。
② 縦一二・五センチ×横七・四センチ。「長寿銭」「故小林カツ（九十三歳）」
③ 百円硬貨（平成二年銘）

【事例21】　北群馬郡榛東村長岡　星野喜兵次さん（七十九歳）

①平成九年九月十二日没。七十九歳

②縦九・五センチ×横六センチ、「長寿銭」「故星野喜兵次（七十九歳）」

③五円硬貨（昭和四十六年銘）

長寿銭の小袋は葬式の会葬者のお返しにはさんで配った。七十歳を過ぎた高齢者の場合に出している。昭和六十年代には既に行われていた。

【事例22】　埼玉県秩父《ちちぶ》郡長瀞《ながとろ》町　栃原孝義さん（八十四歳）

①平成七年四月十五日没。八十四歳。

②縦一二・一センチ×横七・一センチ。「長壽銭、栃原孝義（八十四才）」

③百円硬貨（平成三年銘）

秩父郡長瀞町の栃原嗣雄さんの父孝義さん（明治四十五年四月十五日生まれ）が亡くなったとき、会葬礼の品物と一緒に「長寿銭」「栃原孝義（八十四才）」と印刷した小祝袋が配った。長寿銭の袋の中には、平成三年銘の百円硬貨が入っていた。栃原さんによると、長寿銭は長寿を全うして亡くなった人の葬式で出されるもので、おおむね八十歳以上の場合である。長瀞町や皆野町地

方では広く行われている慣行であるという。（話者、杤原嗣雄さん）

【事例23】　秩父市大字伊古田《いこた》　倉林富太郎さん（八十五歳）

①昭和六十三年五月一日没。八十五歳

②縦九・六センチ×横六センチ。「長寿袋」「倉林富太郎（八十五才）」

③五十円硬貨（昭和五十六年銘）

倉林富太郎さん（明治三十六年八月三十日生まれ）の葬式で、長寿袋を配った。昔は長生きをした人の葬式で小銭を撒いた。それは昭和三十年代に無くなり、代わりに長寿袋にお金を入れて配るようになった。八十歳を超えれば長寿とされ、八十歳が長寿袋を出す目安になっている。祝い封筒に「長寿袋」「倉林富太郎（八十五才）」と印刷されている。伊勢崎市馬見塚町の桜井家では、もらった封筒は仏壇の引き出しにしまっておいた。（話者、倉林松男さん）

【事例24】　埼玉県本庄《ほんじょう》市寿町　細野ムラさん（八十八歳）

①平成七年七月三日没。八十八歳。

②縦九・六センチ×横六センチ。「長寿銭」「細野ムラ、八十八歳」

③五十円硬貨（昭和五十六年銘）

【事例25】 埼玉県北足立郡吹上町《ふきあげ》（現　鴻巣市）

① 平成十年二月没。九十二歳。
② 大きさ不明
③ 五円硬貨

埼玉県北足立郡吹上町鎌塚では最近九十二歳で亡くなった人の会葬礼に長寿銭がついた。小祝封筒の中に五円硬貨が入っていた。だいたい九十歳を超えるような長寿で亡くなった人の葬式に限られるようである。（埼玉県上尾市教育委員会の関孝夫氏教示）

【事例26】 埼玉県深谷市　高尾かねさん（九十四歳）

① 平成九年一月十八日没。九十四歳。
② 縦一二・二センチ×横七・一センチ。「長寿銭」「高尾かね（九十四歳）」
③ 袋糊付けのため、硬貨の種類、年号は不明。

銀行が休みだったので急きょ身内が五円玉を集めて、通夜の晩に袋詰めをした。長生きにあやかるという考えで会葬者に配った。

【事例27】　埼玉県秩父郡皆野《みなの》町

小林茂さんの父頼秀さんの葬式で配った。中にはお金が二枚入っていた。平成二年の葬式で長寿銭をいただいた。お金には金のリボンが付いていていた。五円玉、五十円玉の硬貨が主流で、財布の中に入れるので区別するために紐を用いる。（埼玉県、内田賢作氏教示）

2　撒き銭から長寿銭へ

分布と歴史

現在までのところ（一九九八年現在）、私が把握しているのは以上二十七例（群馬県内は二十一例）である。事例の半数ほどは長寿銭の存在だけで改めて追跡調査は行っていない。それでも大まかな傾向は読みとれる。

まず分布であるが、地域的には群馬県伊勢崎市、佐波郡玉村町、藤岡市、太田市、前橋市、群馬郡群馬町・箕郷町、北群馬郡榛東村、吾妻郡六合村をはじめ、隣接する埼玉県本庄市、深谷市、秩父市、秩父郡長瀞町、北足立郡吹上町などである。情報に片寄りがあることを考慮に入れても、群馬県、埼玉県は広く分布していることが想定できる。さらに福島県に分布していることが判明しており、分布は知り得た情報以上に広範囲であることが予想される。長寿銭習俗の分布調査は今後の大きな課題であろう。

長寿銭の事例は調査を進めていく中で芋《いも》づる式に出てきた。長寿銭のことを知り実行するケースもいわゆる芋づる式なのである。たいていは長寿で亡くなった人の葬式に参列して長寿銭をもらう。家族に長寿者がいる場合はその習俗に深い関心を持ち、身内の長寿者が亡くなったときなどに長寿銭のことを思い出し、葬式に長寿銭を配るという例が多い。そういう意味では一定の伝《でん》播《ぱ》、伝承を伴っている。

埼玉県秩父市の長寿袋の事例は昭和六十三年（一九八八）で最も古い事例になるが、聞き書きではすでに昭和三十年代に行われていたことが判明している。現在のところ、秩父地方が長寿銭を比較的早い時期に習俗として定着させていた地域であることが分かる。群馬県の場合、最も古いのは吾妻郡六合村の昭和四十六年（一九七一）である。六合村ではその後は平成六年（一九九四）まで待たねばならないが、今のところ県内で一番古い事例である。群馬県内の事例はほとんどが平成六年以降である。きわめて新しいと言える。近年は長寿銭を配る例が急激に増加している。これは長寿社会に突入したことはもちろんであるが、葬儀社の関与も大きいと思われる。

ケガレの分配と転換

野辺送《のべおく》りで花籠《はなかご》を振って中のお金を降らす儀礼がある。このお金は撒《ま》き銭《せん》、投げ銭などと呼ばれ参会者が拾った。地域によっては花籠の中に入れるお金をその人の年齢の数だけ入れるという事例もある。埼玉県鴻巣市では弔《とむら》い銭と呼び、拾うとよいといわれた〔鴻巣市　一九九五　六九二〕。この撒き銭は即日に使い切って家には入れないと伝承している〔新井　一九七四　五一〕。花籠から落ちたお金は、死者のケガレが付いたものであるから家に持ち帰ってはいけないのである。撒き銭習俗の意味するところは死のケガレの分配にあると言えよう。埼玉県秩父地方では、昭和三十年代に撒き銭が消滅し、代わりに長寿袋を出すようになったという。群馬県伊勢崎市でも、長寿者の葬式で撒き銭を拾えないと困るからと、老人会の人たちのためにあらかじめ百円玉を用意していた。その言説どおりとすれば、まさに撒き銭から長寿銭へという図式が成り立つのである。秩父地方ではかつて花籠の習俗が消滅し、代わりに長寿銭が出てきたというが、交通事情が良くなり人々の交流が頻繁《ひんぱん》に行われ、通婚圏や経済交流が広がり、それに伴って情報量も増えた。そのために長寿銭の習俗が広がっていくのであろう。

長寿銭をもらった後のお金の取り扱いには次の二つの考えが可能である。

① 葬式の花籠の撒き銭と同じ考えで、必ず誰かが拾うが、拾ったお金は家の中に入れるものではない。できるだけその日のうちに使い切ってしまう。

② 長寿銭の伝承をみると、もらった長寿銭を神棚に上げたり、壁に貼ったり、カバンにしまう

など、比較的大切に保存している人が多い。長寿銭はできるだけ早く使うものだという人は少ない。つまり大切に保存しておくと考えている。

①の撒き銭は、家に入れない、使い切るという考えであり、一方の長寿銭は保存するという考えが基本にある。①と②の考え方は相反するものである。埼玉県の事例を見てみよう。「花籠はゼニカゴ（銭籠）ともいわれ、小銭のオヒネリを入れ、喪家から寺や墓地までの道中これを振って銭をばらまく。長生きした人のを拾うと縁起が良いといわれ、衣服に縫い付けお守りにした。」〔埼玉県　一九八六　二四六〕という。この長生きした人の撒き銭を拾うと縁起がよいとか、衣服に縫い付ける習俗は長寿銭に結びつくものであり、長寿銭が、撒き銭から変化したものであることを証明していると考えられる。

そして小袋に入れる硬貨に注目すると、長寿銭の場合は未使用の硬貨がよいとされる。結婚式などのお祝いに新札を用いるのは、あらかじめ予定が立つから新札を用意するものだといわれる。一方、葬式には意識して使い古しの紙幣を用いるのは取り急ぎ用立てたという意味である。長寿銭を配ろうとして五百円玉を集め始めるなど、長寿銭はお祝いの範疇《はんちゅう》にあることが分かる。撒き銭は死のケガレの分配であるが、長寿銭は長寿・富貴《ふうき》・福寿《ふくじゅ》といったものの分配にあるといえよう。そこにはケガレ観はまったく見られない。撒き銭も長寿者の場合は特別な扱いで、本来ケガレであったものが「長寿」を媒介にして年祝いを重ねてきた人のパワーにあやかる意識に転換している。

それでは長寿とはいったい何歳をいうのか。山梨県富士吉田市では、八十歳くらいになると長寿という意識があり葬式にもその思考がみられる。長寿者の葬式はオマツリドムライ（お祭り弔い）と呼んで、若い人の葬式（ヒホウジキという）と区別している。このようにはっきりした呼称がなくても、長寿者の葬式はお祝いに準じると認識している地域は多い。長寿銭の事例を見ると、群馬県伊勢崎市における長寿年齢は九十歳以上と考えられている。もちろん喪主が長生きしたと思えば長寿銭を出せる。特別な決まりはない。

　ところで、長寿者は生前に戒名をもらう例が多い。また長寿銭を出した人の戒名は、事例の「森厳院遠想寿翁居士」「安寿院如玄恒福大姉」「伯寿院如角法蔵居士」「大寿院常楽祐厳道翁居士」などのように、いずれもおめでたい「寿」が用いられる。豪雪地帯の秋山郷（長野県栄村）では、米寿の祝いに「寿」の付いた戒名が授けられた。八十八歳になる長寿者は仏間で檀那寺の僧侶と向き合う。僧侶の読経《どきょう》後、戒名を渡される。紙に書かれた戒名は親族が米寿の人の懐《ふところ》に入れてやる。式そのものは簡単で、その後は祝いの宴となる。戒名は「祝米寿、瑞雲鶴寿大姉」などと書かれ仏壇脇に貼られる。そして「戒名をもらったから安心して死ねる」「戒名をもらったからもっと長生きする」といわれる〔須藤　一九九六　一九三〜一九四〕。この事例を見ると、長寿者は生前に長寿儀礼を兼ねた祝いで一度儀礼的に死んだことを暗示していないだろうか。

長命・富貴の象徴としての貨幣

高齢者の年祝いに出された引き出物の一部を用いたり、高齢者の葬式で使用したものを身につけるなど、長命にあやかりたいという意識のもとに成立した習俗が多数ある。たとえば群馬県安中市では、高齢で亡くなった人の名を書いた銘旗《めいき》は縁起がよいといって、すぐにもらって行く人がいる。この小さく切った布切れを持っていると長生きで病気にかからないという〔安中市史刊行委員会　一九九八　四七〇〕。また同県山田郡大間々町（現みどり市）塩原では、八十八歳のときはお祝いで火《ひ》吹《ふ》き竹《だけ》が近い親戚に配られた。この火吹き竹を結わえた紅白のひもを産婦が腰ひもに使うと生まれてくる赤ちゃんが長寿にあやかれるという。福島県いわき市忽来《なこそ》では、老人の葬式に寺へ持っていく四十九餅や棺に取り付けた善《ぜん》の綱《つな》と呼ばれる綱を人々が競って奪い合うのは長命にあやかりたいからである〔最上　一九五八　二〇七〕。山梨県河口湖周辺では、長生きした人の葬式で棺に巻いた布を長生きのお守りにもらう習俗がある〔浅野ほか　一九九九　二一四〕。

埼玉県では花籠はゼニカゴ（銭籠）ともいわれ、小銭のオヒネリを入れて喪家から寺院や墓地までの道中でこれを振って銭を撒く。長生きした人のものを拾うと縁起がよいといわれ、衣服に縫い付けてお守りにした〔埼玉県　一九八六　二四六〕。長生きした人の葬式に用いた銘旗、善の綱、撒き銭は縁起がよいとされ、埼玉の事例のように撒き銭を衣服に縫い付ける習俗は長寿者の葬式に限定される。これは本来のケガレの分配が長寿を媒介することによってケガレの転換が起こり、長寿のあやかりに変化していくことを示している。

長寿銭は撒き銭と異なり、財布に入れて保存しておくなど縁起物になり、長寿者の葬式における貨幣が問題を解く鍵になってくる。そこで貨幣が重要なキーワードになっている岩手県八戸地方の年祝いの事例をみる。八戸地方では、八十三歳になった人は年越しの晩に八十三枚の穴あき銭を盆に載せて松を飾りお神酒《みき》三本を供えて拝む。その後、この穴あき銭を下げて八十三歳の人が枕の下に敷いて寝る。そして元日に祝宴を開いて、お祝いにやってきた人々にこの穴あき銭を配った。お神酒の一本は招いた人に振る舞い、残り二本は隣家に贈る。穴あき銭は三枚だけ家に残しておき、三日間は首にかけてから神棚に上げる。この穴あき銭のおかげで怪我《けが》を免れたとか、一晩で三百五十万円ものサバ漁をあげたなどの話が伝わっている。貨幣は富をもたらすと考えられていることが分かる。「八十美」という名を付ける人もあった。これは祖父が八十三歳のときに生まれた赤ちゃんが長寿にあやかって名付ける慣習である。七十七歳が喜寿の祝いであるのは「喜」のくずし字が七十七という字に似ているからである。八十三の祝いは、「金」のくずし字が「八十三」になるので金寿《きんじゅ》の祝いになる。本来は金や銀で祝ったのかもしれないが、庶民は穴あき銭で代用したと考えられる。この穴あき銭を枕に敷いて寝た後、人々に配るという銭枕の祝いは八戸地方に比較的広く行われた慣行であった。〔小井田　一九七二　一三～三一六〕

わが国では、銭貨の呪的能力を抽象し形象化した厭勝銭《ようしょうせん》の「富本銭《ふほんせん》」が既に八世紀に存在していることが判明し近年話題となった。中国では福寿などのおめでたい文字を記した貨幣が鋳造され、日本では長命・富貴などと書かれた例がある。貨幣発生の理由は長寿や福徳のお守りとしてであった〔国立歴史民俗博物館編　一九九八　三三～四八〕といわれるように、貨幣の基本は富貴である。すなわち貨幣は〈富貴＝豊饒《ほうじょう》の世界〉を象徴するものであり、岩手県八戸地方の銭枕の祝いは、貨幣の性質を生かした習俗と言えよう。この銭枕銭と長寿銭は配る人が生者と死者という違いこそあれ、貨幣を用いて長寿者の生命力に人々があやかろうとする心持ちは同じであろう。

3　長寿のあやかり

高齢者人口の増加

わが国は人口の高齢化が急速に進み、六十五歳以上人口の総人口に占める割合は昭和二十五年（一九五〇）には総人口の五パーセントに満たなかったが、昭和四十五年（一九七〇）に七パーセントを超え（これを「高齢化社会」という）、平成六年（一九九四）には一四パーセントを超えた（これを「高齢社会」という）。そして増加の一途をたどり続け、二〇一五年には二六パーセントに達するとされる。平成十六年（二〇〇四）九月現在における九十歳以上の高齢者数は一〇一万六〇〇〇人で、初めて百万人を超えた。

高齢者人口の増加を象徴する一例として百歳人口を見る（図「百歳以上長寿者数の推移」次頁参照）。老人福祉法が制定された昭和三十八年（一九六三）、百歳以上の人は一五三人であった。それが昭和五十六年には一〇七二人と千人を超え、平成六年（一九九四）には五五九三人、平成八年には七三七三人、平成九年は八四九一人と増加した。そして平成十年九月、厚生省（当時）は百歳以上の長寿者人口を一万一五八人と発表。百歳一万人の時代を迎えたのも束の間、平成十六年九月には二万二〇三八人と発表されている〔内閣府編　二〇〇五　二～五〕。

人は誰でも長寿であることを祈り、さらに健康であることを願望する。特に高齢者は、病気で寝込むと家族に迷惑をかけるから安楽に死にたいと願う。高齢で亡くなった人の告別式で参列の老人たちが、死者の後生《ごしょう》がよかったかどうかを話題にしているのを耳にしたことがある。多くの高齢者にとっては、家族に迷惑を掛けずに、しかも本人は苦しまずに息を引き取ることが最大の関心事となっており、一時流行したポックリ観音・コロリ地蔵などは、それを象徴する習俗であると言えるだろう〔木村　一九八九四三～九四〕。高齢者にとっては、健康で長生きをして、しかも苦しまずに死ぬというのが老いの終《しま》いにあたっての一つの理想になっているのである。後生が良かったかどうかは、いかに安らかに死を迎えたかということでもあった。

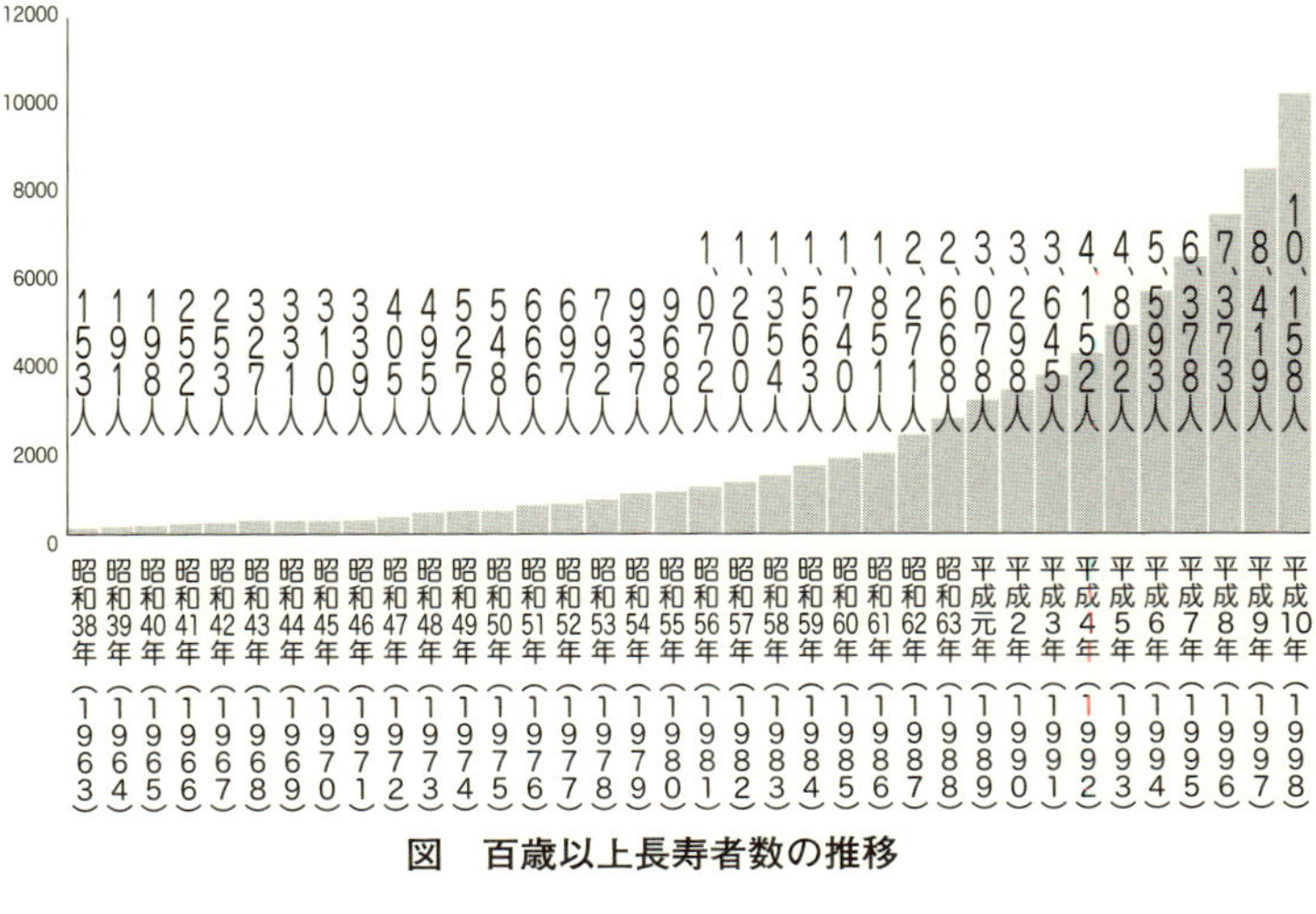

図　百歳以上長寿者数の推移

長寿年齢と長寿銭

それでは長寿とはいったい何歳を言うのだろうか。長寿銭の事例では長寿をどの年齢で区切っているのか。調べられた長寿銭のうちでは七十九歳の人が最も若い。埼玉県秩父市では長寿の目安は八十歳であるという。山梨県富士吉田市でも八十歳ぐらいになると長寿という意識があるようで、葬式にもそれが投影される。長寿者の葬儀はオマツリドムライと呼んで、若い人の葬儀（ヒホウジキ）と区別している。このようにはっきりとした呼称はなくとも、同じように長寿者の葬式はお祝いに準じると認識している地域は多い。

群馬県内における長寿銭の事例を見ていくと、長寿銭を出した家の多くが年齢九十歳以上である。したがって長寿とは九十歳以上と言える。もっとも、この基準は厳密に決まっているわけではなく、喪主が長寿であると認識すれば長寿銭を会葬者に出すことができる。群馬県伊勢崎市で聞くことのできた長寿年齢は、百歳に近い九十歳代という例が多かった。この年齢幅は習俗の発生時期と関わりがある。長寿銭が誕生したと考えられる秩父地方では昭和三十年代における長寿は八十歳が一つの目安と考えられていた。それはその当時の長寿観ということになる。一方、長寿銭が遅れて普及した伊勢崎地方などでは、長寿といえば九十歳以上の場合を指し、長寿銭を出す年齢も現在では九十五歳以上という例が多くなっている。これは発生の時期が比較的新しいことを示している。

まとめと課題

生命を永遠のものにしたい欲望はどの民族にもあり、それは普遍的なものと思われる。長寿儀礼が意味するものは、長く健康に生きることへの飽くことなき願望であり、百歳の長生きにあやかりたいと願う心である。そのためにはどうしたらよいか。まず長生きをした人の身につけていたモノを自分も身につけることによって長寿者に近づこうとする。いかにも日本的な「あやかり」である。以上述べたことをまとめると次のようになる。

① 長寿銭は群馬県、埼玉県に分布している。長寿銭の歴史そのものは比較的新しいと考えられる。しかし秩父地方では昭和三十年代から見られる。

② 長寿銭の袋の中は、五円硬貨、五十円硬貨、百円硬貨、五百円硬貨が入る。もともとは五円玉あるいは五十円玉であった。それが経済状況の好転と百歳の「百」に合わせた縁起《えんぎ》を担《かつ》ぐために近年は百円硬貨が多くなっている。五円硬貨は「ご縁」の語呂合《ごろあ》わせである。

③ 長寿銭は葬式の野辺送りの際の撒き銭習俗が変化したものであると推察した。撒き銭が死のケガレの分配にあるに対し、長寿銭は長寿を媒介にケガレを転換した長命・富貴の分配と考えられる。

④ 長寿が何歳であるかという基準は必ずしも明確ではない。埼玉県秩父地方のように八十歳が

一つの目安という地域もある。しかし、群馬県内では百歳に近い年齢で亡くなったときに長寿銭を採用している。

⑤長寿銭を保存するのは長寿にあやかるという意識がある。カバンや財布などに入れて持ち歩くのは、お守りを持つ感覚に似ている。

⑥長寿銭の習俗は、現代の長寿社会を象徴した習俗の一つで、今後も各地で広く受け入れられ、全国各地に流行伝播する可能性が高い。特に葬儀社の関与があるので一律に広まることが予想される。

なお、この長寿銭の伝承が各地で刊行されている民俗調査報告書に掲載された例を寡聞《かぶん》にして知らない。この事実は、長寿銭の慣行が一定の習俗として存在しなかったのか、あるいは残念ながら聞き書きから漏れ、報告されなかっただけなのか、にわかに判断できない。けれども近年の民俗調査報告書はスタイルが一定の型になっているので、特殊のように思われたり、新しい習俗と思われるものは採録されることが少ない。しかも民俗の報告自体が聞き書きだけに頼る傾向があるので個別具体的な事例は記述されることが少ない。これは反省すべき点でもある。

《参考文献》
浅野久枝ほか　一九九九　『女の眼でみる民俗学』　高文研
新井栄作　一九七四　「川本村北地区を中心とした葬送儀礼」『埼玉民俗』四号　埼玉民俗の会
安中市史刊行委員会　一九九八　『安中市史第三巻民俗編』　安中市
木村　博　一九八九　『死―仏教と民俗―』　名著出版
小井田幸哉　一九七二　「銭枕の寿」『教育とふるさと』　小井田幸哉先生記念誌刊行委員会
鴻巣市　一九九五　『鴻巣市史民俗編』　鴻巣市
国立歴史民俗博物館編　一九九八　『お金の不思議―貨幣の歴史学―』　山川出版社
埼玉県　一九八六　『新編埼玉県史別編2民俗2』　埼玉県
須藤　功　一九九六　『葬式―あの世への民俗―』　青弓社
関沢まゆみ　一九九七　「村と墓―墓の共同利用と年齢秩序―」『民俗学論叢』一二号　相模民俗学会
内閣府編　二〇〇五　『平成十七年版高齢社会白書』　ぎょうせい
最上孝敬　一九五八　「葬祭」『郷土研究講座5社会生活』　角川書店

【付記1】平成二十一年（二〇〇九）九月現在、長寿銭は群馬県、埼玉県を中心として、長野県、千葉県、東京都、神奈川県に事例が認められている。

【付記2】百歳以上人口は増え続け、平成二十一年九月十一日、厚生労働省は全国の百歳以上の高齢者が四万三九九人になると発表。初めて一万人を上回ったのが一九九八年であり、わずか十年間で約四倍になった。（朝日新聞夕刊、二〇〇九年九月十一日付による）

あとがき

「長寿銭」は高齢社会を象徴する習俗で、その出合いは偶然であった。身近な生活文化の疑問を解く民俗学の魅力を堪能させてくれた事例と出合えたのは、ある意味で研究者冥利《みょうり》に尽きると言えよう。身のまわりに生起する事象の解明こそ民俗学の存在意義を示すものと私は思っており、本書に収録した論考「長寿銭の習俗」は、葬式で配られる「長寿銭」をどのように理解したらよいかという素朴な疑問が研究の発端であり、「長寿銭」への注目によって長寿文化研究への足掛かりを得たのである。

長寿祝いには八十八歳の米寿、九十歳の卒寿、九十九歳の白寿などがある。長寿儀礼の研究は高齢社会を考える上で重要な民俗であると思う。八十八歳の「米寿祝い」について、斎藤寿胤氏に「年祝いの深層―八十八歳の祝いを中心として―」(『あきた民俗懇話会10周年紀要』)と題する興味深い論文がある。それによると、秋田地方では米寿に氏名と年齢を書いた守り札を配る習わしがあり、それを「八十八のマブリ」と呼ぶ。一方、同じ秋田県で、八十八歳の葬式で棺の周りに八十八個の三角の布(中にお金を入れる)を付ける地方があり野辺送《のべおく》りの際に参会者が取り合う。これもマブリという。斎藤氏は、この「マブリ」は「守り」の訛語《かご》と考えている。

奄美大島では身体から抜け出る霊魂をマブィと呼び、子どもがひきつけを起こすと霊魂が抜けたとして霊魂を込める儀礼があるが、それをマブィコメと呼んだ。また、柿の木になった柿を一個だけ残すのをキマモリ（木のマブィと考えられる）という地方がある。秋田の「八十八のマブリ」は霊魂を指す言葉であり、長寿者のマブイ＝霊魂を得ることで「長寿にあやかる」ことを意味した。日本の民俗には「あやかる」ということがいかに多いことか。

私は学生時代にオスカー・ルイスの『貧困の文化』を読み、朝起きて寝るまでの一日の生活を生き生きと描いた内容に感動した記憶がある。それ以来庶民の日常生活を活写する方法を模索してきたが、本書に収録した「いのちの民俗誌」は生き生きとした民俗を記述したいと思い続けてきた私自身のささやかな試みである。記述に通底しているのは「いのち」であるが、そのことを意識しながら味読《みどく》していただければ幸いである。

本書は、社会評論社の板垣誠一郎氏の緩急自在な手綱さばきのおかげで完成した。私は本書を執筆しながら、「いのちの民俗学」の輪郭がぼんやりと浮かんできたことに気付いた。

平成二十一年九月吉日

板橋春夫

初出一覧

※本書収録にあたっては加筆修正を行った。

第一部　いのちの実感

誕生と死の現在—自宅から離れる誕生と死—…………原題「いのちの実感—自宅から離れる誕生と死—」『大間々町誌別巻六特論編』、群馬県大間々町、二〇〇〇年三月

人生儀礼研究の現在—伝統と現代を語るために—…………「人生儀礼研究の現在—伝統と現代を語るために—」『日本民俗学』二二七号、日本民俗学会、二〇〇一年八月

第二部　いのちの民俗誌

いのちの民俗誌—誕生と死についての聞き書き—…………原題「いのちの民俗誌試論—群馬県館林市上三林、下三林における誕生と死の儀礼分析から—」『ぐんま史料研究』二六号、群馬県立文書館、二〇〇九年三月／「いのちの民俗と個人—誕生と死についての聞き書きから—」『群馬歴史民俗』三〇号、群馬歴史民俗研究会、二〇〇九年三月の二論文を合体した。）

第三部　あやかりの習俗

五十五の団子考―厄年と長寿儀礼の民俗―……「五十五の団子考―厄年と長寿儀礼の民俗―」『群馬文化』二九九号、群馬県地域文化研究協議会、二〇〇九年七月

葬式と赤飯―赤飯から饅頭へ―……原題「葬儀と食物―赤飯から饅頭へ―」国立歴史民俗博物館編『葬儀と墓の現在』吉川弘文館、二〇〇二年一二月

長寿銭の習俗―長寿観の一側面―……「長寿銭の習俗―長寿観の一側面―」『群馬文化』二五六号、群馬県地域文化研究協議会、一九九八年一〇月／「長寿のあやかり」宮田登・森謙二・網野房子編『老熟の力―豊かな〈老い〉を求めて』早稲田大学出版部、二〇〇〇年一二月、の二論文をもとに大幅に加筆訂正した。

【コラム】

隠居と定年……書き下ろし

老いの自覚……書き下ろし

ポックリ信仰……書き下ろし

五月節供（昭和30年撮影）

■事項索引■

き

く

け

こ

著者紹介

板橋 春夫（いたばし・はるお）

民俗学者。
一九五四年 群馬県に生まれる。
一九七六年 國學院大學法学部卒業。
國學院大學文学部、群馬パース大学保健科学部、群馬大学大学院医学研究科の非常勤講師。博士（文学・筑波大学）。

著書
【単著】……『誕生と死の民俗学』（吉川弘文館、二〇〇七年）、『叢書いのちの民俗学1出産』（社会評論社、二〇〇九年）、『平成くらし歳時記』（岩田書院、二〇〇四年）など。
【共著】……『民俗学講義』（共著、八千代出版、二〇〇六年）、『葬儀と墓の現在』（共著、吉川弘文館、二〇〇二年）など。

叢書《そうしょ》・いのちの民俗学《みんぞくがく》 2

長《ちょう》寿《じゅ》

団子《だんご》・赤飯《せきはん》・長寿銭《ちょうじゅせん》／あやかりの習俗《しゅうぞく》

2009年10月8日 初版第1刷発行

著者 板橋春夫
発行者 松田健二
発行所 株式会社 社会評論社
〒113-0033
東京都文京区本郷2-3-10
電話 03（3814）3861
FAX 03（3818）2808
http://www.shahyo.com
装幀 臼井新太郎
カバー挿画 亀澤裕也
印刷製本 倉敷印刷株式会社

どうぶつのお墓をなぜつくるか

ペット埋葬の源流・動物塚

依田　賢太郎

私たちの生活には実は多くの動物たちが深く関わっている。ペットを飼わない人も、こよなく愛する人も、動物園に行く人も、そこで働く人も。著者は全国に点在する動物慰霊碑を訪ね歩き、そこに残された慰霊碑建立の経緯を記録する。集約する中で見えてきた日本人の動物観はどういうものだろうか。

2000円＋税　ISBN978-4-7845-1329-1 C0039

浮世絵のなかの江戸玩具

消えたみみずく、だるまが笑う

藤岡　摩里子

浮世絵師に歌川国芳という人がいた。役者絵はもちろんのこと、猫などの動物を擬人化した作品は今も新鮮で華やかだ。流行病「疱瘡」の魔除けとして庶民に親しまれた「みみずく・だるま」の張り子人形も、国芳によってユーモアいっぱいに描かれている。浮世絵に残された江戸玩具の謎を楽しく推理する。

2300円＋税　ISBN978-4-7845-0936-2 C0071